新しい戦争の時代の戦略的思考

国際ニュースを事例に読みとく

Strategic studies
in the era of new world war
Okuyama Masashi

奥山真司
戦略学・地政学者

飛鳥新社

はじめに

日本人に有益な「戦略論」

「戦略」という言葉を聞くと、みなさんは一般的に「何かものごとを実行するときに必要となる、準備やプラン、方策、企みのこと」というニュアンスの意味を思い浮かべるかもしれない。

この言葉はいまでは広くビジネスなどの分野でも使われているが、本来は読んで字の如《ごと》く「戦い」に関するものであり、必然的に軍事や戦争の意味合いが強いものだ。

私はひょんなことからこの「戦略」というものを学問的に学んできた人間だが、そのおかげでエドワード・ルトワック（１９４２年〜）という世界的な戦略論の大家と親しくさせていただき、何冊か彼の本の翻訳をさせてもらってきた。

たとえば『ラストエンペラー習近平』（文春新書）での彼の軍事系戦略についての考え方は、われわれ日本人にとって実に有益なものだと私は確信している。

なぜ有益なのか？　本書の序章として、その理由について簡潔に紹介してみたい。

成功が失敗につながるパラドックス

日本は幸いなことに戦後75年以上、どこかの国と「戦争」はしていない。これはこれで実にありがたいことではあるのだが、ゆえに戦略論における最も大事な要素を忘れてしまっているような気がしてならない。

最も大事な要素、それはルトワックのような戦略論の大家たちが口を酸っぱくして強調する「相手の存在」である。

エドワード・ルトワック（戦略家）

たとえば日本が突然どこかの国から軍事的に攻撃を仕掛けられたとしよう。政府はそれを受けて、こちらがとるべき「次の一手」を考えることになるのだが、ここで重大な問題が発生する。

それは、もしこちらが仕掛ける「次の一手」が本当に効くのかどうかは、実は誰にもわからないという点だ。

さらにやっかいなのは、もしこの「次の一手」が成功したとして、また同じ手が相手に通用するかといえば、その成功の保証は一切ないことだ。むしろ「次の一手」が成功すると、それが成功したことによって、逆に失敗につながる(!)こともありえるのである。

なぜチャーチルは部下を批判したか

一体どういうことか。ルトワックがよく使っている、本当にあった実際の例で説明しよう。

1941年(昭和16年)といえば、日本では12月に真珠湾攻撃の開始によって対米戦争が本格的に始まった年だ。だが、欧州ではすでに同年3月の時点で、イギリスがドイツに対して爆撃機で空爆(空襲)を開始していた。

その年の9月、イギリス空軍のトップを務めていたチャールズ・ポータル元帥は、時の宰相であったウィンストン・チャーチル首相に対してある計画書を手渡している。そこには、「最新鋭の爆撃機400機があれば、半年以内にドイツに勝てます」と書かれていたのだが、チャーチルはこれを痛烈に批判している。なぜならそこには「相手の反応」についての配慮が少なかったからだ。

実際にイギリスは後にアメリカと共同で、ハンブルグやドレスデンに空爆を仕掛けて成功している。しかし奇妙なことに、空爆を仕掛けられた地域の軍需工場の生産力などは、焼け出された地域であるにもかかわらず、むしろ上がってきていたのだ。

なぜかといえば、普段は工芸品や馬具、電化製品などをつくっていた工場が焼かれてしまい、技術はあるが職を失った人々が働き場所を求めて、唯一稼働している軍需工場で一斉に働き始めたからだ。

つまり空襲を受けたことで、ドイツの一般国民の平時の生活は完全に破壊され、生活や経済が「戦時モード」に切り替わったのである。

これをイギリスとアメリカの連合国側から見ると、「攻撃したら相手が強くなった」ということにもなる。

「リアクション」を考慮してこその戦略

なぜ戦争や軍事では、このように本来こちらが計画した通りに行かない、いわば逆説的な事態が発生するのだろうか？

それは戦略における実にシンプルな現実として「相手が存在する」からだ。

この「相手」という存在は、アクションをしかける自分たちに対して、必ずリアクションをとる。

つまり、こちらが相手を破壊・殺害しようと色々と仕掛けても、相手は単なる標的《ターゲット》のように動かない存在ではなく、「殺されまい」として攻撃を必死に避けたり、あるいはその動きを利用してカウンター攻撃をしかけたりしてくるのだ。

中国が陥った「逆説的論理」の罠《わな》

戦争でなくとも、国際関係や外交においても同じような現象が発生することがある。

たとえば2010年の尖閣諸島沖の漁船衝突事件において、海上保安庁が中国漁船の船長を逮捕し、北京政府がその対抗措置《そち》として日本に対してレアアースの輸出を禁止したことを覚えている方も多いだろう。

ところが北京側のアクションは、日本側のリアクションをあまり想定していなかったため、結果的に失敗に終わった。日本が中国の禁輸措置を受けて以降、レアアースに代わる代替品の開発などを必死に進め、中国のレアアースの輸出への依存を減らすようにしたからだ。

結局のところ、中国のレアアース業界は2014年に赤字を出し、北京政府は2015年にWTOで敗訴してレアアースの輸出規制を全面撤廃せざるをえなくなっている(参考:「日本はどうやってレアアース紛争で勝利したのか」東亜日報https://www.donga.com/jp/article/all/20190727/1801579/1)。

戦略の実行には、**こちらのアクションには、必ず相手のリアクションが発生する**ということを考慮する必要がある。中国がどこまで考えていたのかはわからないが、日本からのリアクションを深く考えることなく輸出規制を開始してしまったようだ。

ルトワックの戦略論が教えているのは、「リアクションをしてくる相手の存在を忘れてはならない」ということだ。

日本に欠けているもの

こうした「戦略論」の視点から考えた場合、日本の安全保障議論は画竜点睛《がりょうてんせい》を欠くどころか、やはり重大な欠陥があると言わざるを得ない。専門家の間では安全保障環境の悪化、変化が指摘されているにもかかわらず、国内の議論は「日本のアクション」のみを議題にしているからだ。

たとえば防衛費の増額に関しても、主要メディアの論調は「日本の軍拡を許していいのか」「どこから予算を捻出《ねんしゅつ》するのか」という内向きのものが多い。日本の選択自体が、外的要因に対するリアクションであるという視点がないのだ。

また相手のリアクションに関しても「中国が懸念を示した」「北朝鮮が批判している」というものばかりで、日本のアクションによってどのような変化が起きるのかをきちんととらえられていない。ただしこれについては軍事忌避《きひ》の傾向が強い層(リベラル層)だけでなく、軍事の有用性を重視する層(保守層)も逆の意味で同様で、日本が強い態度に出ていさえすればいいというものになりがちだ。だが戦略の視点から言えば、保守層でさえも日本の選択・行動にそれに対するリアクションとして、何が起きうるのかを想定している節が見られない。

これは実に由々《ゆゆ》しき問題である。

本書は、こうした戦略論の視点を交えながら、近年の国際情勢、特に安全保障に関する話題を解説するものだ。近年の国際情勢は、まさに戦略論を知るうえでの実例にあふれている。日本の読者がニュースを通じて戦略論の視点を養《やしな》うことができれば、これから起きるあらゆる情勢を眺める目も変わってくるはずだ。国際報道を通じて戦略論の視点が身に付くようになっていただければ、筆者としてこれ以上の喜びはない。

新しい戦争の時代の戦略的思考　目次

第四章

トランプが進めた分断

第五章

内戦に向かうアメリカ

第六章

アメリカの大戦略

第七章

揺れる対中戦略

第八章

中国というリスクに対抗する

第九章

危機に乗じる中国「次の一手」

第十章

迫る台湾有事への備え

第十一章 このままでは有事に対応できない

第十二章 日本に足りないものは何か

第十三章

予測される国論の分裂

終章

戦略的思考で日本を変える

※本書はニュースサイト「SAKISIRU」の連載の内容に加筆・編集を加えて単行本化したものです。

第一章　プーチンが変えた世界秩序

ウクライナ侵攻が浮き彫りにした不都合な真実

「不都合な真実」という言葉がある。

もっとも有名なのは、90年代にアメリカのクリントン政権で副大統領を務め、ブッシュ候補(後に大統領)と2000年の大統領選挙で大接戦を演じたアル・ゴア元副大統領が制作した、本やドキュメンタリー映画のタイトルだろう。これは、政権を離れたあとに地球規模での環境問題、とりわけ温暖化ガスなどの排出による気候変動の問題を啓蒙《けいもう》するために制作したものだった。

日本でもテレビなどで大々的に紹介されたので、覚えている人も多いかもしれない。ゴア氏は後にこの映画の内容が認められて、２００７年にはアカデミー賞まで獲得している。

だが、２０２１年の後半から翌22年にかけて、世界的に新たに誕生した「不都合な真実」は、ある意味でより喫緊《きっきん》の危機となった。国際政治における「**軍事力の行使（とその脅し）が効く**」という事実のことだ。

その原因をつくったのは、もちろんロシアのウラジーミル・プーチン大統領である。

２０２２年2月24日、ロシアがウクライナに軍事侵攻を開始した際、「まさか」という声が上がった。こんなに前時代的な、大国間同士の直接侵攻が、実際に行われるはずがないという思い込みが人々の認識の中にあったからである。ましてやロシアは国連の常任理事国の一国である。

だが今となっては、現実を見れば明らかなように、実際に軍事侵攻は行われ、しかもまだ続いている。軍事や安全保障の専門家たちの間では、「戦争終結までには3年から5年はかかる」という指摘もある。

国際社会に「不都合な真実」を突きつけたロシアのウクライナ侵攻は、われわれに多くの教訓を与えてくれる。いわば戦略論における実例の宝庫ともいえるのだ。

ウクライナ侵攻に関する著作は多く出版されている。戦況の推移やロシアの置かれてきた立場の解説、プーチンの心理、西側諸国、特にNATOに対するとらえ方など、角度は様々だ。だが本書はそれらと違って「ロシアのウクライナ侵攻を戦略論的にどう見るか」という一つのフレームを提供したいと考える。

脅せば交渉に持ち込める軍事力の効用

2021年末から翌22年にかけて、プーチン大統領はウクライナの国境沿いに10万人規模と言われた大量のロシア兵を展開していた。

専門家によれば2021年の春頃に一度数を減らしたのだが、11月下旬あたりから再度、集結しはじめ、年を越えた後はいつウクライナに侵攻してもおかしくない状態にあった、という。「今思えばそうだった」という話ではなく、専門家は当時リアルタイムでそのように解説していた。

つまりロシアはここで「軍事力行使もあるぞ」との脅しを使っており、専門家も「実際の侵攻もあり得る」と判断していたことになる。

2014年クリミアに現れたロシア軍の武器と装備品を装備し、徽章を付けず覆面で顔を隠した所属不明の兵士。リトルグリーンメンと呼ばれた　提供・ロイター／アフロ

何より、プーチン大統領には「前歴」がある。規模は限定的ながら、2008年の首相時にロシア軍をジョージア（グルジア）に侵攻させ、2014年には大統領としてクリミア半島やウクライナ東部にも侵攻させている。端的にいえば、実際に軍を動かしてきた過去を持っているため、2022年のウクライナへの脅しの信憑性《しんぴょうせい》は実に高かったのだ。

だが、ここで何が起こったか。今では驚くべきことに、アメリカやヨーロッパ連合（EU）などの西側の政府が、こぞってロシアと積極的な外交交渉を始めたのだった。

つまりこれは「軍事力の行使（の脅し）」が「外交交渉」という政治的な結果を引き起こしたのであり、まさに「軍事力が効いた」ということだ。

しかも、外交交渉をしたにもかかわらず、ロシアは結果的にウクライナに侵攻してしまった。西側の対応は大きく誤ったと言わざるを得ない。

西側諸国は、第二次大戦前のヒトラーへの宥和《ゆうわ》政策を「失敗事例」として歴史を学んでいたはずである。だが結果的に、同じ過ちを繰り返したことになるのだ。

『戦争論』の示唆《しさ》は核にも通ず

「軍事力の効用」――このような考え方は、安全保障や戦略論を研究してきた人間たちの間では当然の前提として共有されているものだ。ところが日本の大手メディアを中心とした言論空間や、さらには現実的な政策関連の議論では、このような前提は避けられるか、無視される傾向が強い。

たとえば、北朝鮮の金正恩総書記がミサイル実験や核実験を繰り返し「核保有国」となったからこそ、初めてアメリカのトランプ大統領(当時)と国家のリーダーとして単独で会見に臨むことができたように、現実的には軍事力(この場合は核兵器の脅しの力)が国際政治における交渉の後ろ盾として効いてしまうことはよくある。

このような軍事力の行使の「脅し」が、相手国に対する「抑止」を確実なものにする上でも重要な要素であることは言うまでもない。

たとえばプロイセンの軍人哲学者で『戦争論』(中公文庫)で有名なカール・フォン・クラウゼヴィッツは「戦闘の流血がないと戦争は終わらない」と書いているが、私が翻訳を担当したマイケル・ハワードは『クラウゼヴィッツ:戦争論の思想』(勁草書房)で、これを援用する形で、「核兵器が登場すると、核爆発の脅威がそれを代替した」と指摘している。

その根本にあるのは、非常にカジュアルな言い方で言えば「核兵器を持っていると相手国は本気でビビる」ということだ。軍事力の行使(この場合は核爆発)の脅しは、やはり「効く」のである。そして、ロシアによるウクライナ侵攻後の国際社会は、いやおうなしにこの「核の脅し」にも翻弄《ほんろう》されることになった。

ロシアの立場を擁護する人たち

もう一つ、侵攻開始前から話題になっていたのが、「ロシアの立場を理解できるか」という点だった。

当然ながら、日本を含む西側のメディアでは、そもそも力による現状変更を企むロシア側の行動を「理解できない」というスタンスを取る報道機関、専門家が多かった。だがメディアの一部では「理解できる」という意見を表明する識者もいたし、実際に侵攻が始まり、虐殺が明らかになってからも、同様のスタンスで語り続けている識者もいる。いわゆる「親ロシア」というポジションだ。

親露的な意見が日本のネット上で最初に話題になったのは、まさに侵攻直前の時期にあたる、2022年1月28日のBSフジ「プライムニュース」である。

「プライムニュース」は夜のニュース番組として定評があるが、「緊迫のウクライナ情勢」と題したこの回の出演者は、現場取材の経験豊富な軍事系ジャーナリストの黒井文太郎《くろいぶんたろう》氏、欧州政治に詳しい慶応大学の鶴岡路人《つるおかみちと》准教授、そしてロシアとの関係の深い鈴木宗男《むねお》参議院議員と、元外務省職員である佐藤優《まさる》氏だった。

注目は、鈴木&佐藤ペア(さらには司会者の反町理《そりまちおさむ》氏も)の親露的な発言だった。

「ドンバスなどのウクライナ東部の住民が、ロシア人としての自己意識を持って、ロシアのパスポートを貰っている。だからロシアが守るべきだ」

つまり、ドンバス地域はウクライナ領内であっても、ロシア語話者、ロシアのパスポートを持った人がいるのだから、ロシアの管轄《かんかつ》と見なし、そうした住民を差別するウクライナからロシアは彼らを守らなければならない、という論理だ。だがロシアはこの地域を吸収するためにこそ、パスポートを配っていたのである。そうした事実に触れずに、あたかもウクライナ側に非があるような解説が展開された。これはクレムリン側に立ったとしか思えない驚くべき発言と言える。

そしてさらに驚いたのが、このような異様に親露的な発言に対して「説得力があった」と納得するような意見が、ネット上で少なからず散見されたことだ。

なぜ「異様」なのか。それはこの発言者が「ＮＡＴＯの東方拡大は、21世紀の国際社会の規範《きはん》に則って民主的な手続きを踏みながら、ロシアを含めた各国の同意で行われた」という点をほとんど無視した形で議論を展開していたからだ。

これは実に矛盾した意見であり、危険なことでさえある。

バーベキュー大会に乱入したグリズリー

もちろんこうした国際法や規範の話をすべて無視した形で「国際政治はパワーバランスで決まる」とする大国同士の力学や、帝国主義的な視点があることを認めることも重要だ。実際に私自身も、日本にはこのような学問的な視点を学ぶ必要があると感じ、この種の本を翻訳してきた人間である。

ただしここで問題になるのは、現在の日本政府をはじめとする西洋の国々が、いわば「リベラルな国際秩序」の建前で国家を運営していることだ。本音はさておき、われわれは公式的にはこのようなむき出しの権力闘争をベースとした現状変更を否定してきた。たとえロシアが現実的にパワーで国際政治を動かそうと考えていたとしても、日本政府に近い（もしくは近かった）識者たちが「ロシアの事情もわかる」としてしまうと、それはウクライナという「国家の主権」や「領土の一体性」を否定することになる。徹底的に自己矛盾した状態に追い込まれてしまうのだ。

そうならないために重要なのは、日本を含む西側とロシアの対立を「21世紀型の国家」と

「19世紀型の国家」のロジックの対立であるととらえ直すことだ。

「21世紀型」のロジックとは、国際社会の存在を認め、外交交渉や条約の公式性を守り、「国家の主権」と「領土の一体性」という原則を尊重し、民主的な手続きを遵守《じゅんしゅ》するアプローチをとることだ。アメリカをはじめとする日本を含めた西側の国家たちは、大枠ではこのロジックで動いている。

ところがロシアは違う。ウクライナ侵攻を巡る一連の動きでもわかるように、ロシアは19世紀の大国のようなロジックで動いている。たとえば過去の国際関係の事情（ロシアもＮＡＴＯの東方拡大に反対していなかったことなど）に関係なく、被害者意識から「全くの間違いまたは意図的なフェイク情報」によって、西側に対して敵対的な態度を取り続けているからだ。ここにはロシアが展開する認知戦、情報戦の様相も見て取れる。

このような対立構造を、別のメタファーをつかってうまく説明している学者たちもいる。私が監訳し２０１９年に邦訳が刊行された『不穏なフロンティアの大戦略』（中央公論新社）という本の中で、著者のヤクブ・グリギエルとＡ・ウェス・ミッチェルたちは、アメリカの同盟国に対して脅威を及ぼす「ライバル国」として、ロシア、中国、そしてイランという３つの国を挙げている。

そしてこれらの国々を念頭に置きながら、次のように述べている。

ゼロサム的な視点をもつライバル国に対して、協調的なウィン・ウィン関係の構築に躍起《やっき》になることは、裏庭で開催するバーベキュー大会にグリズリーを招き入れるようなものだ。

ここで出てくる「グリズリー」とは、アメリカなどに住む凶暴なクマのことだ。日本で言えばヒグマの親戚にあたる。

そして、ウクライナ侵攻を企てたプーチン大統領率いるロシアの態度は、まさにこの「バーベキュー大会に乱入してきたグリズリー」のような態度に近いことがわかる。なぜなら西側に対していいがかりをつけ、軍事演習を口実にウクライナ国境に大量の軍事力を集結させ、その行使の脅しによって、ウクライナや西欧諸国に対して現状変更を迫っているからだ。

西側諸国は21世紀型の国家の規範として「国家の主権」や「領土の一体性」を守っているのだが、ロシアは19世紀型なのでむき出しの力による脅しで国際社会が動くと考えている。

そして日本も含む西洋のような「21世紀型」の国々が「19世紀型」の植民地主義丸出しの帝国主義的な世界観で行動している国に脅されている、という構図だ。

そして21世紀の国際秩序の中で生きている国々にとっては、まさにロシアの脅しは「差し迫った脅威」であり、国際的にも広く非難されるべきものとなる。少なくとも日本にはそれに同意できるような余裕はない。

ところが前述した佐藤氏を含む日本の識者の中には、「ロシア側の要求に一定の妥当性があり、少なくともその一部(たとえば東部ドンバスのようなロシア語地域)にはロシア側の権益も認めてやろう」と示唆《しさ》する人々もいるのだ。

そしてこうした「ロシアの言い分にも耳を傾けるべき」という論調は、実際にウクライナ侵攻が起き、長期にわたって続いてもなお、存在し続けたのである。

もちろんこのような見方は、単なる一つの「メタファー」であり、実際にはロシアはクマではない。だが現実として、このようなバーベキュー大会に参加して楽しんでいる人間と、それに刺激されて乱入してきたクマというイメージは、現在のウクライナ危機の大きな構造を理解する上で、実に参考になるものではないだろうか。

第二章　ロシアがもたらす本当の脅威とは

打ち砕かれたロシア軍の楽観

実際の侵攻は、２０２２年2月24日の早朝に始まった。まさにロシアという凶暴な「グリズリー」が、裏庭でバーベキューパーティーを開いていた欧州の人々の間に乱入するという事態が現出してしまったのである。海外の優秀な専門家たちは侵攻開始直後から「初期の分析」を公表していたが、それらをいくつか読んで気づかされたことがある。３～４日で首都を落とせると考えていたフシのあるプーチンにとっては想定外のウクライナの抵抗が起きたのだが、そもそもロシア側の想定に問題があったことも示唆されている。

日本ではあまり注目されることのない分析だが、あらゆる戦争に共通する3つの要素に注目しており、これらは今読んでも示唆するところの多いものであろう。

第一に、今回のプーチン大統領の狙いと、その軍事作戦の間に大きなギャップがあると指摘するものが多いことだ。

具体的には、プーチン大統領が今回のウクライナ軍の抵抗を完全に過小評価しており、2003年のイラクにおけるアメリカ軍のように、もしロシア軍の部隊が侵攻すれば、現地住民から「解放者」として歓迎されるはずだと勘違いしていたという報道もある。(「ロシア軍部隊はウクライナに侵攻しても解放者として歓迎されると思っていた。プーチンもウクライナを解放するのだと説明していた。しかし、現実は全く違った」FNNプライムオンライン https://www.fnn.jp/articles/-/323567)。

ところが実際には、ロシア軍側の準備や作戦の稚拙《ちせつ》さから、南部の沿岸部や東部の地域を除いて、基本的に第一波となる攻撃はウクライナ側によってかなり持ちこたえられたと見てよい。

プーチンが今回の軍事作戦で何を狙っていたのか、本当のところは専門家でもわかっていない。伝えられるところによれば、ロシアはわずか4日間の作戦で主要都市を陥落させて、ウクライナ政府のトップたちを斬首し、首都キーウに傀儡《かいらい》政権を設立するつもりだったと言われている。

また、プーチン大統領自身も周りの思想性の強いアドバイザーたちに影響されており、いわゆる「反動保守派」の思想に傾き、「西側諸国は人と動物の間の結婚を合法化しており、ウクライナの指導者はヒトラーと同じくらい悪人であり、同国の民族主義者たちは人間以下(nonhumans)の存在だ」と考えているという報道もある(「ショイグ国防相は先月［2021年12月］、ウクライナのナショナリストを〝非人間的〟と呼んだ」ニューヨークタイムズ https://www.nytimes.com/2022/01/30/world/europe/putin-top-advisers-ukraine.html)。

だがこのような世界観に基づいた軍事作戦は、すくなくとも第一波では頓挫《とんざ》した。そもそもウクライナ占領という政治目標は壮大すぎて(ウクライナの国土は日本の1・6倍の面積がある)、実際のロシア軍の兵力とマッチしていなかったからである。端的にいえば、プーチン大統領はそもそも不可能なことを軍に求めていたのだ。

「戦争の霧」(fog of war)を軽視したロシア

第二に、「戦争の不確実性」が挙げられる。

たとえば今回のロシアによる軍事作戦は、ウクライナ側による想定外の強い抵抗によって作戦の変更を余儀《よぎ》なくされている。これは戦争においてキャスティングボードを握る可能性は自分たちだけでなく、相手にもあることをロシア側が理解できていなかった、もしくは過小評価していたことに一つの原因がある。

戦いというのは自由意志を持った相手、つまり殺されまいと必死になっている相手とのぶつかり合いだ。いくらロシアが戦力面で圧倒的に有利な状態であったとしても、ウクライナ側もただで殺されるわけにはいかない。また、ロシア側にも予期せぬアクシデントや負傷、さらには通信の連携《れんけい》の失敗なども出てくる。いわゆる「**戦争の霧**」(fog of war)というものだ。闘う者同士の二者関係が複雑になるため、状況も流動的になり、戦況は誰にも読めなくなる。

「誰もがプランを持っている。アゴにパンチを食らうまでの話だがな(Everyone has a

plan, until they get punched in the mouth)」

そう述べたのはボクシングのヘビー級元世界チャンピオンであるマイク・タイソンだが、戦争はこれと同じで、やはり「出たとこ勝負」なのだ。

このような戦争の力学を知っている専門家は、決して「次はこうなる」と断言できないし、逆に断言している識者がいるとすれば、戦争を本気で研究したことのない素人《しろうと》だとも言える。

「自国を守るものの士気と決意」が決定打

第三に、「**士気**」の問題がある。これは最も強調すべき要素で、戦争において根本的なものでありながら、日本の専門家はあまり注目しない点でもある。

たとえばイギリスの「戦争研究」(war studies)の権威であり、長年ロンドン大学のキングス・カレッジの教授を務めた経験のあるローレンス・フリードマンは、今回の戦争開始直後に以下のような分析を書いている(https://samf.substack.com/p/a-reckless-gamble?r=15i4j0&utm_campaign=post&utm_medium=email&s=r)。

自国を守る者の士気と決意は、侵略を企てる側の士気や決意より高くなる傾向があり、特に企てる側がなぜ侵攻するのか分かっていない場合は、この傾向が強まることを我々は再認識させられた。

ウクライナ人が本気で国を守ろうとしていることや、忍耐力があることも分かった。彼らはロシアに蹂躙《じゅうりん》されてはいないのだ。

ここで注目していただきたいのは、この「自国を守る者の士気と決意」という箇所だ。

侵攻直後、ウクライナのゼレンスキー大統領がSNSなどを通じて国民に呼びかけたフレーズは、今ではすっかりおなじみのものになっているだろう。

「我々は全員、ここ(キーウ)にいる。我々は独立と国を守るためにここにとどまる」

他国の人間でも、この映像に胸を打たれた方々も多いと思う。

西側諸国がゼレンスキーに「首都を離れ、欧州に退避すべきだ」と助言したにもかかわらず、首都にとどまり、自ら自撮りで発信したこのメッセージは、ましてやウクライナ国民にとっては相当の精神的後押しになったに違いない。ウクライナは軍事面で圧倒的に不利な状況にあるが、国民や兵士には「祖国を守る」という大義があるのだ。

ウクライナという国は、国土のサイズでは「小国」とは言えないが、それでも軍事力ではロシアと比べて圧倒的に不利な、吹けば飛ぶような状態だ。その国が、当初西側諸国（ＮＡＴＯ）の物理的な助けを得られない状況で、孤軍奮闘《こぐんふんとう》していたのである。これがあったからこそ、のちにＮＡＴＯ諸国からの武器等の支援に繋がるのだ。

一方、ロシア軍の兵士の捕虜の中には、今回の作戦の目的をあらかじめほとんど知らされず、演習だと行って突然連れてこられたと証言している者もいる。士気には大きな開きがあった。

ウクライナの「戦う姿勢」で高まった対ロ批難

さらに特筆すべきは、ウクライナ政府が「義勇兵」を呼びかけており、国外で働いている同国人たちに帰国して武器を持って戦うように呼びかけ、それに応じた国民が少なくなかった、という実態だ。

これは「命が大事」という現在の日本で教育されているものとは正反対の、国家のための究極の「犠牲」や「英雄的な行為」を求めるものであり、だからこそ世界の人々に感動を与えているのだ。

アフガニスタンでは、2021年8月に米軍が撤退した際にガニ大統領をはじめとする首脳たちは大量の資金を持ってさっさと国外に亡命した。だが、ウクライナのゼレンスキー大統領は首都に残って陣頭指揮をしているだけでなく、なんと政敵であったポロシェンコ前大統領までが亡命先のポーランドからわざわざ帰国し、国民に対して武器を手にとって戦うよう呼びかけていたのである。

端的にいえば、ウクライナ人は名誉を重んずる「戦士」(warrior)となっている。だからこそ、ロシアの衛星国を除いた国連に所属するほとんどの国が、国際法への違反という法的な面だけでなく、人道的・感情的な面から、ロシアに対する非難決議に賛成したのだ。

このような見方は「昭和の軍国主義的な考えだ」と感じる方もいるかもしれない。だが今回のウクライナ国民や政府首脳たちが見せた「自国のことは自国で守る」という姿勢は、「士気」や「決意」のように数値化できないものだが、国際政治を動かす要素として見逃すことはできない。

これらは、やはりクラウゼヴィッツの『戦争論』の中で指摘されているものだ。

驚くべき三位一体

出典：クラウゼヴィッツ『戦争論』より筆者作成

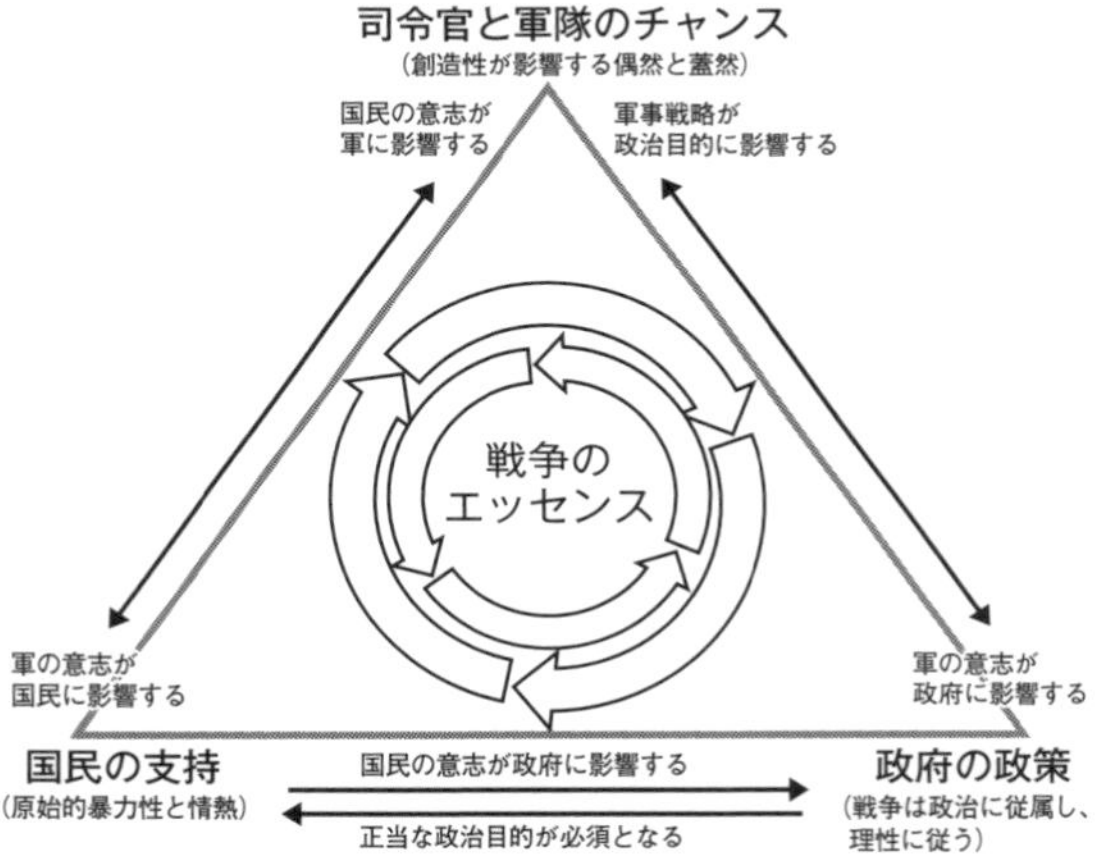

ドイツ帝国が誕生する前の時代を生きていたこのプロイセン王国の軍人は、戦争に必須となる3つの構成要素に「驚くべき三位一体」と名付けて、以下のように説明している。

第一に、そこには、その本来的性格である暴力性、盲目的な自然的衝動とみなすべき憎《ぞう》悪《お》および敵愾心《てきがいしん》がある。

第二に、蓋然《がいぜん》と偶然の働きがある。それは、戦争を一つの自由な精神的活動たらしめる。

第三に、戦争は、政治の道具としての従属的性質をもっている。これによって戦争は、もっぱら理性の活動舞台となる。

これだけでは実に難解なものに聞こえるが、英語圏のクラウゼヴィッツ研究ではこのような3つの要素はそれぞれ次のように表現されるという。

・「国民」として表れる「情熱」
・「軍隊」として表れる「チャンス」
・「政府」として表れる「理性」

このうちのどれ一つの要素を無視しても戦争は理解できない、としている。

そして本稿で強調した「士気」は、一番目の「情熱」にあたる部分であることは言うまでもない。情熱がなければ名誉もなく、犠牲もなく、「戦士」もなく、大義もないのである。

日本では第二次世界大戦での敗北によって「戦争は絶対悪」という倫理的な前提から抜け出すことができず、とりわけこのような戦争の機能的な面についての学術的な研究はなされてこなかった。

つまり戦争そのものを、『戦争論』を使って学術的に分析しようとはしてこなかったのだ。戦争という現象を正面から見つめ、とりわけクラウゼヴィッツが指摘したような「国民」によってあらわされる情熱や士気、それに犠牲のような要素。ウクライナが見せているこうした姿勢に、日本も今後の安全を考える際に、注目せざるを得ない時代がついにやってきた、と言えよう。

なぜロシアは「無差別攻撃」を行ったのか

開戦当初、連日のように報じられていたのが、ロシアが主要都市であるマリウポリに対して行った「無差別攻撃」だ。

都市を囲み、空から陸から、民間施設も民間人も区別なく行われる「無差別攻撃」のような行為は、人道的にとうてい許される行為ではない。だが、ロシアは国際的な非難にもかかわらず、これを行った。特に非難されているのが、病院だけでなく産科婦人科病院、さらには民間人の避難場所となっている劇場などへの砲撃だ。

これは明確な戦時国際法違反である。

日本ではこの種の残忍な戦闘行為の現実を知り、新たな衝撃を受けた人々も多かっただろう。

ところがロシアのこのようなやり方は、安全保障や戦略研究の分野では半ば「常識」となっている基本知識である。日本の大手メディアではあまり報じられることはなかったために、「なぜそんなひどいことを」と理解に苦しんだ人もいたかもしれない。だがなぜロシ

チェチェン紛争で徹底破壊された市街地の様子（2000年2月撮影）
提供・Gamma Rapho/アフロ

アがこのような無慈悲な攻撃をするのかといえば、実に不快な事実であるが、それが単純に「効く」からである。

プーチンには無差別攻撃の前科がある。チェチェン紛争だ。

チェチェン共和国といえば、現在のジョージア（グルジア）のすぐ北にあり、冷戦後の混乱の中で誕生したロシア連邦に属する共和国であった。

ここが1994年頃から、イスラム過激派たちを巻き込むテロ行為を伴った分離独立運動を始めており、当時のエリツィン大統領は、ロシア政府として断固として介入することを決意した。戦いは1996年に一度終わっており、支配権は一時的に現地の分離独立派の手にわたっている。これが「第一次チェチェン紛争」である。

ところがエリツィン大統領に後継者として期待される中、1999年8月に首相に就任したプーチンは、一気に攻勢に出る。隣国のダゲスタン共和国に反乱が広まった他、モスクワでアパートが連続して爆破されるテロ事件が発生した。だがこれをプーチンは「チェチェンの独立派が起こしたテロだ」とみなしたのだ(しかも爆破はロシアの自作自演だという説も根強い)。

しかも以前のように主に歩兵と戦車で都市に乗り込み、市街地戦を展開してゲリラの掃討作戦を行うのではなく、まず都市周辺を囲んでひたすら空爆と砲撃を繰り返し、圧倒的な火力で建物を破壊し尽くしたところで、機甲科部隊を中心に侵攻する手法を取った。

当然だが、反乱勢力側は何も抵抗できずに敗走・降参することになる。

これが2009年に最終的に終わった「第二次チェチェン紛争」であり、実際の戦闘は2000年5月には終了している。つまり圧倒的な火力でプーチンは勝ってしまったのだ。

「無差別爆撃は効く」という不都合な真実

驚いたことに、このプーチンの「成果」は、学術的にも裏付けがなされている。ダートマス大学（「アイビーリーグ」というアメリカの最優秀大学のうちの一つで、東部ニューハンプシャー州にある）の若い研究者、ジェイソン・ライアルが２００９年に書いた論文「Does Indiscriminate Violence Incite Insurgent Attacks? Evidence from Chechnya（無差別の暴力は反政府勢力の攻撃を誘発するか？　チェチェンでの証拠）」が、この「チェチェンの教訓」を実証してしまっている。

具体的には、チェチェンにおけるロシアの砲撃案件（２０００〜05年）をそれぞれ検証し、砲撃を受けた村と受けていない村を比較しつつ、この無差別攻撃がその後の反乱軍の攻撃パターンにどのような影響を与えたのかを計測したものだ。

すると、砲撃された村は、されていなかった村に比べて、そこで発生する反乱軍攻撃の数が、平均で24％減少したという結果が出た。つまり圧倒的な火力による無差別攻撃によって民間人を含めて爆撃することにより、そこでの反乱活動やテロ活動を明確に減らせたのだ。

この論文を書くために調査を行った本人も、「私の出した結果は決して無差別攻撃を政策として奨励《しょうれい》するものではない」と戸惑《とまど》いを隠せない様子だった。もちろん、このような攻撃は現地住民に怒りや恨《うら》みを残すため、短期的な効果ではある。だが実際に「不都合な結果」は出てしまっている。

ロシアはこれと同じ手法を、中東のシリアで再び使っている。

2015年にプーチン率いるロシア軍は、内戦で苦しみ弱体化したシリアのアサド政権を助けるために、ソ連消滅以降初めて、旧ソ連域外での軍事介入を開始している。その時に焦点になったのが、2016年後半にシリア第二の都市で反政府側の拠点にもなっていたアレッポであった。

ロシア軍はこの目標を叩くために、第二次チェチェン紛争の首都グロズヌイ攻略の時と同じように、街を包囲して空爆と砲撃を繰り返して建物の徹底破壊にいそしんだのだ。

当然ながら、今回のマリウポリと同様に、病院なども計画的に爆撃している。そこに人道性など存在せず、ひたすら火力を使って住民と反乱勢力を追い出すのだ(「Putin Is Playing by Grozny Rules in Aleppo[「プーチンはグロズヌイのルールをアレッポに持ち込んだ」]」フォーリン・ポリシー誌https://foreignpolicy.com/2016/09/29/putin-is-playing-by-chechenrules-in-aleppo-syria-russia/)。

これは、ロシア側から見れば「一定の合理性」があることになる。それは、ロシア兵の人命を徹底して守り、テロリスト(とロシア側が呼ぶ勢力)側の命は無視するという姿勢だ。

ちなみに一つ興味深い視点がある。アメリカは精密誘導兵器(ＰＧＭという)をベトナム戦争の頃から開発しているのだが、その狙いはミサイルを正確に誘導させて爆撃させ、人的被害を最小化することによって民間人の被害を抑えること、つまり副次的被害(コラテラル・ダメージ)を抑えることにあった。

ところが**ロシアは同じＰＧＭを使って、被害を最大化させようとしている。**例えば病院を特に狙って精密誘導で爆撃しているのだ。同じ精密誘導兵器のようなテクノロジーも、使うプレイヤーが違うと、その目的が被害を抑えるためではなく、大量破壊のために使われるということだ。

もちろん国際社会は、当時シリアのアレッポで行われていたロシアの蛮行について、現在のウクライナほど問題にせずに半《なか》ば「スルー」してきた。こうしたアレッポの悲劇が日本であまり知られていない事実こそが問われなければならない。

ロシアはまさにチェチェンやシリアで行ったのと同じことを、今度は世界が注目する隣国のウクライナで実行しただけなのだ。

そしてもう一つ、知っておかなければならないのは「虐殺」についてである。

ロシアによるウクライナ侵攻開始から約1ヶ月後の2022年4月6日に米国防省が発表した分析によると、ロシア軍はこの時点でウクライナの首都キーウからの撤退を完了した。これによって戦争はひとまず第一段階を迎え、イギリスからはNATOの主要国の一角であるイギリスのボリス・ジョンソン首相がゼレンスキー大統領とともにキーウの街なかを歩き回って市民と交流する場面も報道され、つかの間の明るいニュースとなった。

しかしその数日前に判明したのは、ロシア軍によって占領されていたウクライナ首都キーウの近郊の町ブチャで起こったとされる、いわゆる「ブチャの惨劇」であった。

ロシアとしては、ウクライナ国民の士気を挫《くじ》くためにこうした虐殺を指示、あるいは黙認したのであろう。だが、結果はどうであったか。

拙訳『戦争の未来』(中央公論新社)でも有名な戦争学の世界的権威で英キングス・カレッジの名誉教授であるローレンス・フリードマンは、自身のブログの中で、このブチャのロシア軍による大量虐殺という「戦争犯罪」が、今回の紛争の一つの転機となる可能性を指摘していた。

そして実際に、こうした戦争犯罪が報じられたことで、国際世論(少なくとも西側諸国)はロシア非難で一致することになったのである。

「ロシア擁護」派は戦争犯罪を許すのか

今回は無差別攻撃も虐殺もロシアとしては裏目に出たが、時として苛烈《かれつ》な戦い方は本当に成功することがある。

もしくは、「少なくともプーチン大統領やロシア軍のトップたちは、自分の経験からその犯罪的な戦い方が『効く』と考えていることが推測される」という方が正確であろう。

無論、だからと言ってこれは現在の国際社会では決して認められるものではないことは重ねて強調しておきたい。

だがこのような戦争犯罪を公然と行っているロシアのプーチン大統領の行為は、どう考えても倫理的に「言い分がある」と言えるものではない。

一方、ウクライナは士気が高いとはいえ、戦えている理由はそれだけではない。

アメリカの戦略家であるエドワード・ルトワックは、意思を持った者(アクター)同士が互いに相手を出し抜き、殺し殺されないようにすることによって状況がダイナミックに進展するというメカニズムを「**パラドキシカル・ロジック**」(逆説的論理)と定義づけた。

これは実に画期的な論理なのだが、概念としては非常にわかりづらいため、私が人に説明する際には「**アクションとリアクションがある**」とすることにしている。これにより、戦争や戦略における「敵対する二者の決闘」という本質がわかりやすくとらえられる。

今回の紛争が始まる前から発生していたにもかかわらず「見逃されていたリアクション」として挙げられるのが「ウクライナの準備」である。

専門家の間では常識であるが、ウクライナは2014年のクリミア半島や東部のドンバス地方へのロシア軍の侵攻以降、今回の侵攻が始まるまでに、すでに8年に渡って実質的に戦争状態にあった。国土防衛隊を組織し、次の侵攻に備えて軍全体を大改革している。

北大西洋条約機構(NATO)に所属する国々はこれをきっかけに、当時ボロボロだったウクライナ軍に対して軍事顧問団を派遣して軍の訓練に当たってきた。実に300人を超えるウクライナ軍の士官たちがアメリカの軍事教育機関に留学しており、カナダのような国までがウクライナ軍と治安要員に訓練を行っていたほどだ(2015年から行われているカナダ政府の「UNIFIER作戦」)。

つまりウクライナは、2014年の侵攻というロシアのアクションを受けて、その「リアクション」として次の侵攻に(西側からの援助を含めて)綿密《めんみつ》に備えていたのである。こうしたウクライナの「リアクション」を軽視していたプーチン大統領は、今回の侵攻が始まる前の時点ですでに失敗を犯していた、と言える。

さらに2022年2月24日にいざ戦争が始まってからも、「見逃されていたリアクション」があったことが発覚している。簡潔に5点ほど指摘しておきたい。

第一に、「ウクライナ軍と市民の抵抗が予想以上に激しかった」というものだ。多くの報道がこの点を指摘しているが、これによってプーチンは短期決戦という当初の計画を変更せざるを得ず、ロシア軍部の発表にもその焦《あせ》りが見える、との報道が多かった(2022年3月25日、ロシア参謀本部のセルゲイ・ルツコイ作戦総司令部長は「ウクライナの軍事作戦で第一段階の終了に近づいている」「わが軍の兵力と資源は重要目標である『ドンバスの全面解放』に集中的に振り向けられる」と述べた)。

第二に、EUやNATOの結束だ。ロシアによるウクライナへの侵攻、そしてマリウポリへの無差別都市攻撃に見られるウクライナ市民の被《こうむ》っている惨状や人道危機などにより、バイデン大統領が「NATOはこれまでにないほど結束している」と述べた通りの状態を実現している（2022年3月24日、ロシア最大手銀行の幹部や下院議員など四百以上の個人や組織への追加の経済制裁を発表したNATO首脳会議）。

たとえば欧州をはじめとする世界の金融機関によるロシアに対する経済制裁（SWIFT［国際送金・決済インフラ］からの排除など）が予想以上に素早く決定したことも「リアクション」だが、こうしたリアクションをロシアがどこまで予期していたか。

個別に見ても、ドイツが当初の自省的な態度から一変させてウクライナへの対戦車兵器や対空兵器を供給することを決め、国防費2％以上への増額を決定したことは大きい。

フランスがトルコやギリシャとマリウポリの人道支援を決定してもいる。いずれも今回のロシアの「蛮行《ばんこう》」に恐怖を感じた他の国々による「リアクション」であり、各国の結束は侵攻前よりも断然、高まった。ちなみに国際関係論ではこのような脅威を受けた国が対抗するためにとる行動を「バランシング」（balancing）と呼ぶ。

プーチンが取る「あらゆるリアクション」とは

第三に、ロシアが化学・生物学兵器を使用する可能性だ。開戦当初、ロシア軍の劣勢を理由に、英語圏のメディアでは「コーナーに追い詰められたプーチン」(Cornered Putin)というタイトルの記事が象徴的なように「必死になったプーチンはあらゆる手段を使う」という意味で事態をエスカレートさせる可能性が高まっていることが指摘された。

これはウクライナと、それを支援する西側の「成功」というアクションが、プーチンに「リアクション」という形で危険な手段を考えさせていることになる。だからこそ、「プーチンは追い詰めれば核を使うかもしれない」と言われ、また「そうならないために停戦すべきだ」という声も出てくる。

第四に、負けつつあるロシアが、今回の軍事的失敗を受けて教訓を学ぶということだ。これまでの歴史を振り返っても、ソ連時代を含めたロシアというのは戦場での敗北をすぐさま教訓に変えて、長期戦になると終盤で相手よりもうまい戦い方をするような順応性を持っていることがわかっている。

もちろん戦線が短期で完全に崩壊してしまえばその教訓は活かされないわけだが、ロシア軍もやられっぱなしではない。長期化すれば「学んだロシア軍」はウクライナや西側にとって脅威となる。

第五に、フランスのマクロンが２０２２年5月の大統領選挙において再選確実だったことだ。実際、マクロンは大統領選に勝利したが、これはもちろん、現職のマクロン大統領がプーチン大統領との連続電話会議などを通じてＥＵの首脳たちの中でも存在感を示したことが最大の理由であった（「The invasion of Ukraine has helped entrench Emmanuel Macron［ウクライナ侵攻がマクロンの地位を固めた］」英エコノミスト誌）。

同時に、選挙のライバルとなるはずだった候補者たちが戦争開始前までプーチンを絶賛していたことが、マクロンの再選を確実なものにさせた面もある。右派として名をはせたマリーヌ・ル・ペン候補にいたっては選挙パンフレットにプーチンと握手していた写真を掲載していたため、印刷していた１２０万部の回収に追い込まれた。

つまりマクロンのような中道派に対抗する形で保守、もしくは極右的な政策を標榜《ひょうぼう》していたフランスの大統領選の候補者たちも、自分たちが目指すべき「理想のアイドル」として持ち上げていたプーチンが「ヒトラー」に化けてしまったために非難せざるを得なくなり、結果的に現職のマクロン大統領を極めて有利にしてしまったのだ。

プーチンのウクライナ侵攻という「アクション」は、このような多くの「見逃されていたリアクション」を引き起こしたのである。

ロシア国民の「恨み」が向かう先

では、戦争後、将来的に「見逃されたリアクション」となりそうなものとは何か。

たとえばかなり先になりそうだが「ロシア国民の西側への恨《うら》み」というナショナリズムへの影響が挙げられる。西側の報道では、どうしても「ロシア国内には反プーチン派がいる」「反戦を唱えている人もいる」というトピックに注目されがちではあるが、国営メディアの発するプロパガンダを本気で信じているロシア国民も実際は多い。

たとえ今回の戦争の失敗でプーチン大統領が失脚して政権交代したとしても、ウクライナとそれを助けた西側に対する恨みがロシア国民から消滅するとは考えにくい。

これは1991年のソ連崩壊を振り返ったプーチンが、後に「ソ連崩壊は20世紀最大の地政学的大惨事だ」と評した発言からも推測されるように、もし今回、ロシアが失敗しても、その恨みが向かう先はプーチンではなく、アメリカや欧州の側であろうことは容易に想像がつく。

また、このような「リアクション」は、ロシア側だけに起こるようなものではない。たとえば欧州のあるシンクタンクが2022年の時点で予測していたように(Centre for European Reform「RUSSIA'S WAR ON UKRAINE: THERE IS WORSE TO COME (FOR THE WEST AS WELL)[ロシアの対ウクライナ戦争:西側諸国にとってもさらに悪いことが待っている]」https://www.cer.eu/insights/russias-war-ukraine-worse-west)、今回の戦争勃発のインパクトが、EU・NATOの間に、大量のウクライナからの難民の扱いや、各国がこれから負担すべき国防費の問題、そして最大の問題としてロシアから輸入している石油やガスなどに代わるエネルギーの代替や価格の高騰《こうとう》の話など、欧州内に実に多くの政治問題を発じさせたことも事実であろう。

燃料高騰《こうとう》の波、さらには小麦価格の高騰は日本にまで押し寄せた。戦争の終わりが見えない状況で、各国からその影響で生活に及んでいる物価高に対する不満の声が生じかねない状況にある。

「早く戦争が終わってくれないと、自分たちの生活が立ち行かない」との不満が政府に向かえば、各国の首脳は自らの政権の存続が危うくなる。こうなると、ウクライナに我慢《がまん》を強いる形であっても戦争を終わらせるべきだとの声が出てきかねない。

第三章 日本に突きつけられた「現実の戦争」

陸上戦闘よりも大きなインパクト

世界経済に影響を及ぼしているのは陸上戦闘だけでなく、海、より具体的に言えば黒海を巡る争いも見逃せない。

黒海は、２０２２年4月14日にロシア軍の黒海艦隊の旗艦「モスクワ」が沈没したことで、その地政学的な重要性が一時的に注目を集めた。

ところがそれ以上に、この内陸にある、いわゆる「閉鎖海」としての黒海が、同戦争における陸上の戦闘よりも世界的に大きなインパクトを持っていることは、まだ十分には知

黒海をめぐる勢力図

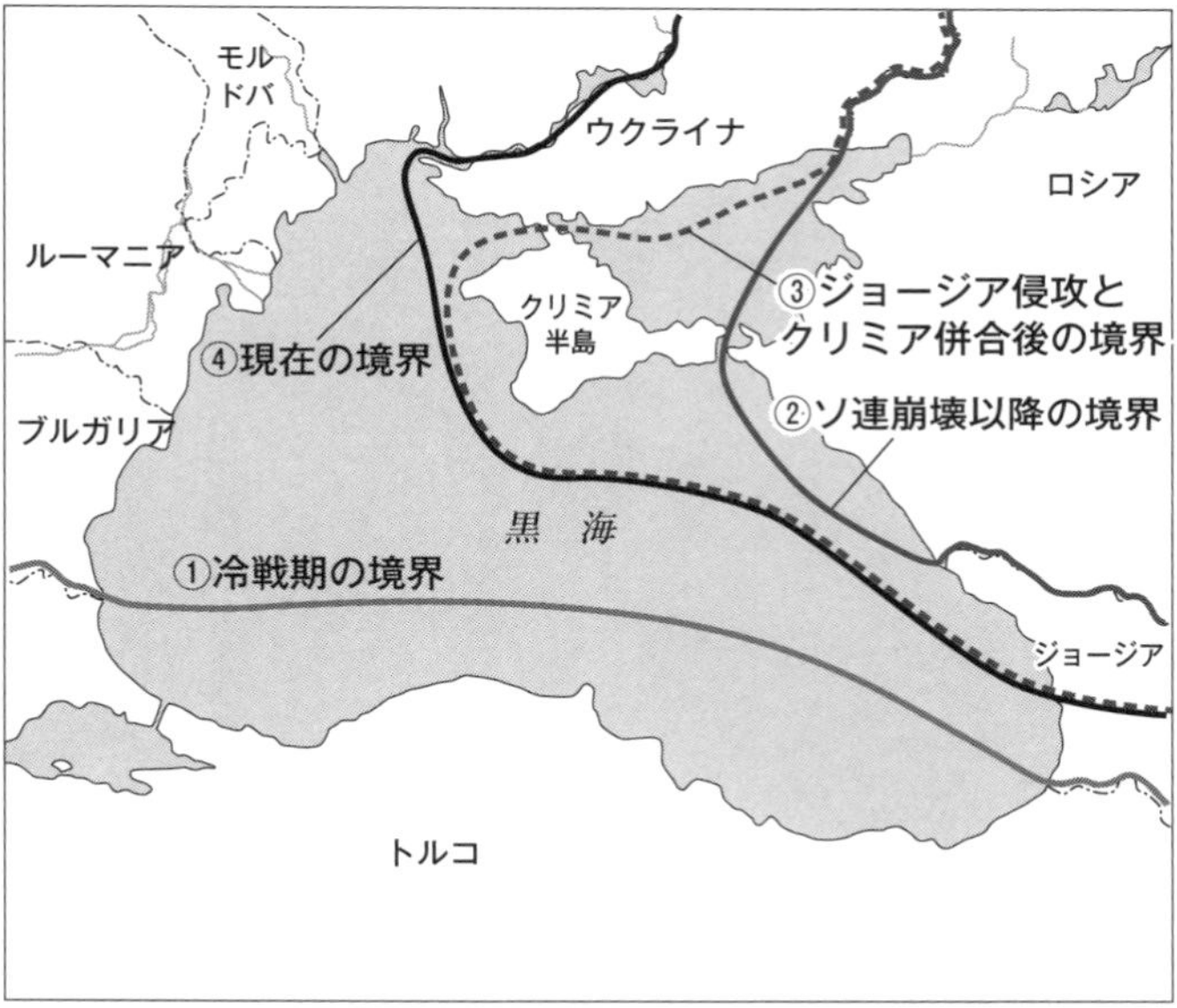

冷戦期には黒海の半分がロシア（ソ連）の勢力範囲下にあったが（①の線）、90年前後の冷戦終結以降はロシアの勢力範囲が後退する（②）。ところが2008年や2014年の侵攻によってNATO側の勢力を押し戻し（③）、2022年のウクライナ侵攻以降はさらに範囲を拡大させた（④）ことがわかる。

出典：筆者作成

られていない。

地図を見ていただければおわかりの通り、黒海は北岸にウクライナがあり、そこから時計回りにロシア、ジョージア、トルコ、ブルガリア、ルーマニアという国々に面している。

近年においては、南シナ海や東シナ海、ペルシャ湾、地中海東部、そして北極海ほどには戦略面における注目を集めていなかったが、今回の戦争では多数の大国の思惑やその関係の複雑性、その戦略的重要性から、一気に世界の注目が集まっている。

その理由は、黒海の果たしている役割にある。黒海は、大国たちが占有したいと考える「閉鎖海」であると同時に、それが経済面で世界経済にも大きな役割を果たす「海上ルート」でもあるからだ。

まず注目すべきは、そこを通過する貨物の量が大きいことだ。黒海の出口であるトルコの支配するダーダネルス海峡を通過する貨物量は2021年に8億9800万トンで、世界でも有数の海峡であるスエズ運河の12億7000万トンの、なんと約7割にも相当する。

この世界的にも重大な海上ルートを、ウクライナがロシアのせいであまり使えなくなってしまっている事実は重い。今回の戦争の焦点であるロシアによるウクライナ南部である黒海沿岸の占領は、陸上の領土の支配以上に世界経済や政治にとって非常に有害なものとなっているのだ。

その影響は大きい。ご存知のように、今回の紛争でロシアの侵略を受けているウクライナは、世界でも有数の農産物の輸出国家だ。「国際穀物協会」のデータによれば、ウクライナは２０２０／21年シーズンに世界第４位のトウモロコシの輸出国となっており、小麦では世界第６位の輸出国である。

ところがロシアは、ウクライナ戦争開始直後に海軍を使って黒海の港を海上封鎖したため、２０２１年に生産した穀物在庫の積み出しができないばかりか、燃料や肥料も入ってこない状況となった。

これは実に由々しき問題である。というのも、２０１１年には主食に使われる小麦の世界的な値段の高騰が「アラブの春」という政情不安につながり、中東の政治が不安定化したという前例があるからだ。

今回も戦争の影響、とりわけ黒海沿岸の世界有数の穀物の積出港のある海が使えなくなると、世界経済に大混乱をもたらすことは誰にでも予想がつく。実際、ウクライナ情勢の間接的な影響で日本でも燃料費、小麦価格が上昇し、物価高に悩まされることとなった。

ウクライナが黒海沿いの港を穀物の輸出のために使えないことそのものが、世界規模の

「地政学リスク」であると言えるのだ。

「ルート」の支配は権力そのもの

黒海のような**ルート（通り道）の重要性**というのは、地政学的な発想をする人間であれば誰もが当然のように着目する要素だ。というのも、貿易をはじめとする商業に使えるルートというのは、すなわちそのまま軍事作戦にも使えるからだ。

そしてこのルートを最終的に誰がコントロールするかは、経済的な意味でも政治的な意味でも大きな意味を持つことになる。日本でも徳川幕府が政権を握ってから全国に関所をつくり、箱根や新居によって東海道という主要幹線道路をコントロールしたことは有名だ。

ロシアは２０１４年にクリミア半島を支配下においたように、今回もアゾフ海の港であるマリウポリやオデッサ、さらにはウクライナにとっての黒海経由の輸出ルートそのものをロシアのコントロール下に置こうとしている。

ルートを握れば、軍隊を容易に動かせるだけでなく、そこから敵対的な勢力を監視したり軍事的に阻止するだけでなく、そこを通過する人々から徴税したりすることも可能になる。ルートの支配は、すなわち権力そのものとなるのである。

『不穏なフロンティアの大戦略』(中央公論新社)の著者の一人でアメリカの官僚・学者であるヤクブ・グリギエルは、デビュー作となる『大国たちと地政学的変化(Great Power and Geopolitical Change)』(未邦訳)という本の中で、近代地政学の祖とされるハルフォード・マッキンダーに倣《なら》う形で、16世紀の欧州列強の台頭によるいわゆる「大航海時代」の幕開けについてこう主張している。

資源の運搬ルートが、それまでユーラシアの陸上に限定されていたものから、その周辺や南北アメリカ大陸をつなぐ、海上ルートへと変化したおかげで実現した。

これを言い換えれば、それまでのランドパワーに有利だった状態が、大規模な帆船や航海術の発達を通じた交通革命によるルートの変更とその支配者の変化によって、**シーパワーに有利な時代**(「コロンブス時代」と言う)に変化したということだ。

大航海時代のルート変化

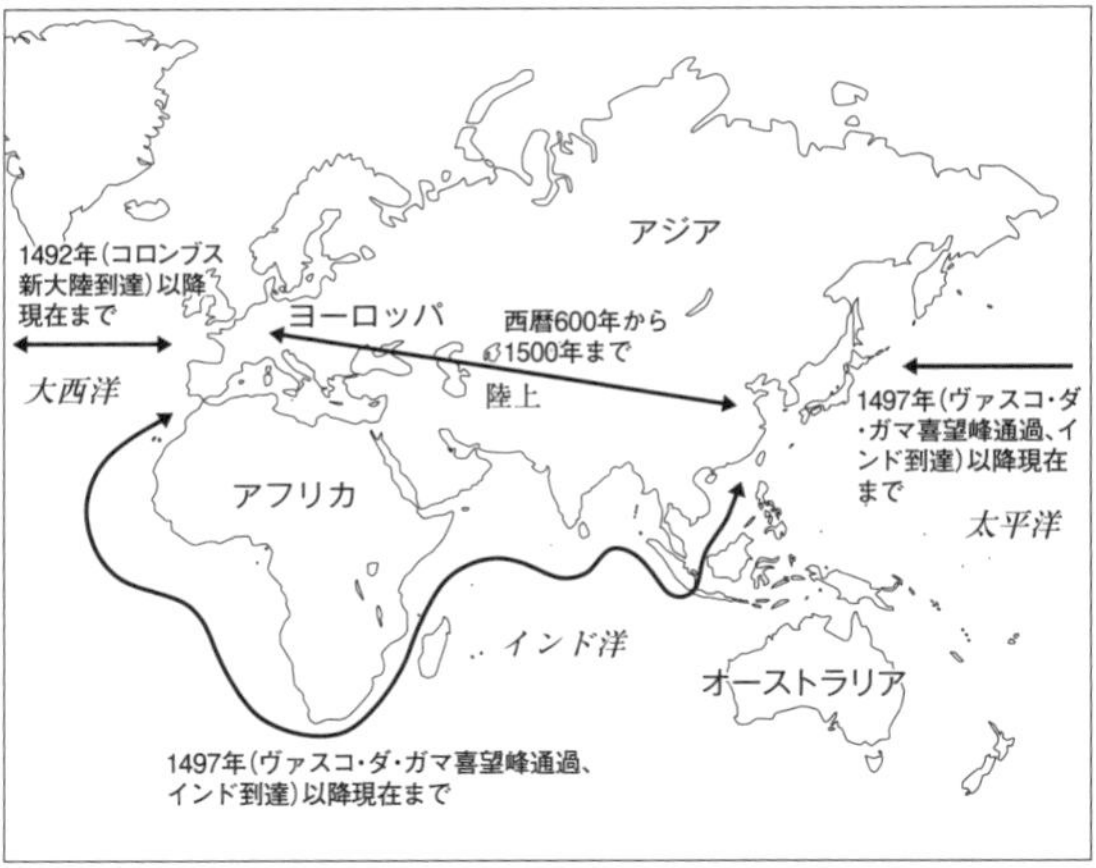

出典：グリギエル『大国たちと地政学的変化』に筆者加筆

シーパワー優位が継続中

マッキンダーは今から百年以上前の１９００年代の時点で、「すでにシーパワーが有利だった時代は終わりを告げ、鉄道や道路の発展のおかげで陸上交通が有利なランドパワーの時代がやってくるはずだ」と考えていた。これを彼は「ポスト・コロンブス時代」と名付けている（ハルフォード・マッキンダー著、曽村保信訳『マッキンダーの地政学――デモクラシーの理想と現実』原書房、２００８年）。

ところがその後の実際の歴史の経緯を見てみると、世界経済における海上輸送の優位はほとんど変わっておらず、たとえば海運は、現在でも世界貿易のうち、重量基準で9割強、金額基準でも7割前後を担った状態が続いている。

ちなみに海に囲まれた島国である日本では、国際貨物輸送は当然ながら航空輸送と海上輸送に限定されており、重量に基づく評価では海上輸送が全体の99・7％を占め、航空輸送の割合は0・3％となっている。

つまりシーパワーが有利な、マッキンダーの言う「コロンブスの時代」はまだ続いており、世界政治や経済においても、相変わらず海上ルートの重要性は高いことがわかる。

ウクライナの場合、自国の経済の大部分を占める農産物の輸出をほぼ海運に頼っているため、黒海の港がロシアに封鎖されている状況は国民にとっても、国家にとっても死活問題である。実際2022年の小麦輸出金額は前年比マイナス47・2％と半減した。世界第5位の小麦輸出国であるウクライナへの侵攻の影響は、ウクライナだけでなく世界経済にとっても深刻であることがわかる。

もちろん私は現在の戦域の外の「黒海」の趨勢《すうせい》が、ウクライナ情勢のすべてを決めると言うつもりはない。

だがその海が果たしている海上ルートとしての機能と、今後の趨勢は、陸上の戦域以上に大きな影響を持つ潜在力がある。このことはもっと注目されても良いのではないだろうか。

有事に「まさか」は許されない

今回のウクライナでの戦争は、日本にとって戦略論上も、国際政治学的にも、安全保障の議論でも教訓だらけの戦争となっているが、改めて私たちが学ぶべき要点をまとめておきたい。

第一に、今回の戦争は、リアルに戦争が起こるプロセスをつぶさに見せてしまい、それを専門家でも完全には見通せず、「まさか起こらないだろう」という否定的な態度が裏目に出たということ。

「軍事的に攻撃される」という点で、日本で起きた近い案件としては、2017年8月29日早朝に北朝鮮が「火星12号」と見られる中距離弾道ミサイルの発射実験を行ったことが挙げられる。

このときはミサイルが日本列島の上空を超えて太平洋上に着水したわけだが、早朝から

「全国瞬時警報システム」、いわゆる「Ｊアラート」が発令され、北海道から東北の全県、さらには関東の一部地域の自治体のスピーカーから大音響の警告音が鳴り響いた。

この際に印象的だったのが、ホリエモンこと堀江貴文氏がＳＮＳに「こんなんで起こすなクソ」と投稿して炎上したことであった。

これはミサイルによる危機の可能性を否定する態度として、安全保障の観点からは褒《ほ》められた態度ではない。だが当時、実際にこれと似たような「ひたすら冷静に対応しろ」という反応が多くのリベラル系の識者や記者たちから出され、今なお、繰り返される北朝鮮のミサイル（北朝鮮は衛星と発表することも）が発射され、Ｊアラートが鳴らされるたびに同様の「文句」がＳＮＳ上を飛び交う。

こうした反応は、とにかくリスクから目をそむけさせ、軽視させる方向へ国民を誘導するものである。その意味で、日本のミサイル防衛システムをはじめとする本格的な抑止体制構築への動きの障害にさえなりかねない。

ミサイル発射は震災のような自然災害ではなく、外国勢力による意図的な行動であり、もし日本の本土のどこかに着弾すれば、大きな被害が出る可能性もある。当該地域の人々にとって、肝を冷やすには十分に「リアル」な事象だったのである。

今回のウクライナにおける戦争は、それ以上のインパクトがあった。その直前まで多くの専門家たちやゼレンスキー大統領自身さえ「やるわけがない」と考えていた軍事侵攻が、プーチン大統領によって実行されてしまったからだ。「冷静に対応せよ」という態度が仇《あだ》となってしまったのである。

もちろん欧州正面のウクライナと日本では置かれた状況が違うのだが、ロシアと国境を接していて潜在的な領土問題を抱えているという点では、日本にとってウクライナの状況は決して「他人事」と切り離して考えられるものではない。

戦争は国家が決意すれば起こるし、実際に起こってしまったのだ。

元外交官たちの実効性なき「提言」

第二に、年配の世代の専門家、とりわけ元外交官たちの提言が、ことごとく実効性がなさそうなものばかりだったことの教訓だ。

最初から陰謀論にはまっている人物はそもそも論外だが、外務省出身の東郷和彦《とうごうかずひこ》氏や、田中均《ひとし》氏などが繰り返し主張していた「外交交渉」や「即時停戦」という主張は、それがどれほど現実的で有効な政策につながるかを疑わせるのに十分だった。

残念ながら明白になってしまったのは、日本が北朝鮮やロシア、そして中国に対して発揮しているはずの「**抑止**」というものが、ウクライナとロシアの紛争では**破綻**していたという冷酷な事実だ。

本気で侵攻しようと覚悟した大国を抑止するための手段は、ウクライナのような小国には残されていなかったのだ。

右記の方々が言うような、外交や国際的な枠組みで戦争を起こさせないようにする努力はたしかに大事だし、私もその理念には共感する。

ところがブチャの例を見てもわかるように、停戦できたところで、占領されている地域では無抵抗なままの非戦闘員である一般市民が虐殺された。この事実は重い。

ウクライナの自衛戦争は「正しい」か

第三に、そして最も重要なのが、戦争には「正しい戦いもある」という、日本人にとっては居心地の悪い問題だ。

なぜならわれわれと同じ価値観をもつはずの西側諸国の一員(もちろん議論はあるが)とされるウクライナが、プーチン大統領の勝手な思い込みで一方的に侵略されたのである。

これを「アメリカが誘い込んだ」などと断定する陰謀論者や「どっちもどっち」論を展開する論者たちはさておき、少なくともまともな専門家や識者たちは「ロシアが一方的に侵攻した」という点では認識が共通している。

ここで参考になるのが、マイケル・ウォルツァーというプリンストン大学の名誉教授の議論だ。

彼はリベラル左派としての立場から、西洋の伝統的な「正戦論」を論じたことで有名だが、とりわけ国際法の観点ではなく、主に政治哲学のアプローチから、この分野の古典的な名著『正しい戦争と不正な戦争(Just and Unjust Wars)』(風行社)を書いている。

その中で、ウォルツァーは「正しい戦争目的とは、自衛のための戦争だけである」と主張しているのだが、今回の戦争は、ウクライナにとってまさにこの「自衛のための戦争」に当てはまることは疑いのない事実だ。

イギリスの哲学者、ニック・マンスフィールドは、

戦争は社会関係を破壊し、人間の身体を粉々にし、人権を蹂躙《じゅうりん》するので、我々は当然のように拒否する。しかし我々は社会を維持し、脅かされた生命を保護し、権利を拡大するために、戦争に頼ることもある。戦争は人を殺すが、それと同時に人を救うものなのだ。

と述べて、戦争にはポジティブな面（！）もあるという、われわれ日本人にとってはあまりなじみのない分析を行っている。

戦後教育の中で「平和」を学び、絶対に戦争（戦闘）をしてはならないと学んできたわれわれにとって、このマンスフィールドの「人を救うため」の「**ポジティブな戦争**」というのは、正面からじっくりと議論しづらいものであることは間違いない。

だがロシアによる戦争は、政府と日本国民全体に、この問題を否が応でも考えなければならないという居心地の悪い事実を突きつけている。

日本の「敵基地攻撃論」に誰がビビるのか

このように、ロシアのウクライナ侵攻が日本に示唆するものは実に多く、しかも重い。特に、軍事力は「本当に使うかもしれない」と相手に思わせて初めて意味を成すものである、という点は、平和主義に耽溺《たんでき》してきた日本にとって、実に耳の痛い事実であろう。

「戦争」という人間の営《いとな》みは複雑である。

クラウゼヴィッツは『戦争論』という名著の中で、「戦争をまず単純に考えるためにそれを個人間の『決闘』のように捉《とら》えよ」と提案した。

このクラウゼヴィッツの提案は実に言い得て妙であり、この二者による対立関係が戦争という複雑な現象の中心にあるという事実を指摘したことで『戦争論』は歴史的な古典となった。

日本は今回の戦争に直接関わっているわけではない。

だが、今後確実視されている不安定な国際情勢をしたたかに生き残っていくためには、日本のリーダーたちはこのような「見逃されていたリアクション」や、自らのアクションが引き起こすであろう影響を考慮できるような戦略的な視点を身につけておく必要があるだろう。

日本は2022年末、戦略三文書と言われる国家戦略、外交・安全保障、防衛に関する文書を改訂するとともに、ようやく防衛費の大幅増額に踏み切った。

もちろん私は、この事実を踏まえて「日本の軍備を劇的に増強させるべきだ」と言いたいわけではない。むしろ日本の近頃の「敵基地攻撃」に関する議論が、いかに空虚で当たり障《さわ》りのないものであるかが露呈《ろてい》していることを指摘したいのだ。

なぜなら日本の防衛関連の議論には、ロシアの今回の激しさ(「マジでやる気だ!」と専門家も「ビビる」ような)を連想させるような「脅し」への覚悟がない。少なくとも、日本に脅威を与えている中国、北朝鮮、ロシアのような国々が「日本の敵基地攻撃論は脅威である」とは感じていない可能性が高いからだ。

こうした「脅し」やそれによる「抑止」は、自分も相手も、危険な兵器によって破滅するとか、危害が加えられる、被害が甚大なものになると本気で認識してはじめて、「では互いに手出しをするのをやめよう」となる。それによって「抑止」が効いて平和な状態が保たれるのが国際政治の一面であるということだ。

誤解を恐れずにいえば、平和を守るには「いざとなったらやりかねない」と相手に感じさせるような、ある種の「狂気」が必要になるとも言える。

軍事と政治は不可分という「真実」

このような議論は、普通の生活を営むわれわれにとって、実に不快で神経を逆なでする議論かもしれない。まさに「不快」であるがゆえに、われわれはそれを考えたり議論をすることを避けたり、拒否してしまいがちだ。

クラウゼヴィッツは「戦争は政策のためのツールである」という主旨の主張をしたことで有名だが、その際の軍事力の行使(の脅し)も、それがどのようなものであれ、政治的な結果を生み出すものなのだ。

中国の台頭や北朝鮮のミサイル発射実験が続く安全保障環境の悪化の中で、われわれは軍事力の効能というものから目を離せなくなっている。

ロシアが今回われわれに突きつけたのは、まさにこのような「不都合な真実」なのかもしれない。

第四章　トランプが進めた分断

米連邦議会議事堂占拠事件

日本国内で親露的言説を振りまく一部の有識者がいることを前章で述べたが、それは右派・左派双方に存在し、さらに陰謀論者も含まれる。特に左派の場合は反米姿勢から「ロシアが悪いのではない、アメリカが悪い」となり、「アメリカがウクライナに戦争を続けさせている」となるのだが、こうなっている原因はロシアの情報戦の影響も色濃い。

ロシアの偽情報は2016年の米大統領選以降、多く指摘されるところではあるが、いまもアメリカで猛威を振るっており、2020年の米大統領選、さらにはそれ以降もアメリカ社会に影響を及ぼし、分断をもたらしている。

米連邦議会議事堂が襲撃されたのは1812年に始まった米英戦争で、イギリス軍がワシントンDCを1814年に焼き討ちして以来だ(ただし小規模な銃撃事件や爆破事件などはある)。また、自国民によって長時間占拠されるというのはもちろん前代未聞の話だ。

この占拠事件そのものは1日で騒動が収まった。そのためか日本の大手メディアではその政治的な意味があまり深くは分析されていない。が、その当初からこれはトランプ側勢力による「クーデター」ではないかという意見もあった(Paul Musgrave「This Is a Coup. Why Were Experts So Reluctant to See It Coming?〔これはクーデターだ。専門家たちはこの事態の到来をなぜ見過ごしたのか?〕」フォーリン・ポリシー誌(https://foreignpolicy.com/2021/01/06/coup-america-capitol-electoral-college-2020-election/)。それほど事態を深刻に考える人々もいたのだ。

ロシアによるウクライナ侵攻のインパクトにかき消されがちだが、実はこの議事堂突入事件は戦争に匹敵するインパクトをアメリカや国際社会に残している。不安定なアメリカ社会を露呈した事件だからこそ、プーチンが好機と見て無謀な戦争に及んだ可能性すら否定できない。

2021年1月6日、トランプ支持者が連邦議会議事堂に突入
提供・Abaca/アフロ

事態を振り返っておこう。

2021年1月6日、ワシントンDCの連邦議会議事堂を1000名ほどのトランプ支持者らが襲撃。前年の大統領選挙の各州の選挙人の投票の結果を認定し、大統領選に勝利したジョー・バイデンの次期大統領就任を正式に確定する作業を一時停止させた事件だ。

実際の襲撃メンバーの中には陰謀論者だけでなく、現役の警察官や軍人たちがいたこともあって、民主主義の平和的な権力移行が妨げられた一種の「**国内テロ事件**」と見られている。そのため、連邦捜査局（FBI）や首都警察も捜査に本腰を入れ、襲撃したメンバーを続々と逮捕した。

この事件はいわゆる「Qアノン」と言われ

る陰謀論者たちの影響を中心に語られることが多い。そのため、事件後はアメリカだけでなく日本の新聞や雑誌でも「陰謀論」を信じる人々や、それがもたらす負の影響が取りざたされた。

だが、実際の「襲撃犯」像は、こうしたイメージとは異なっている。のちに詳しく説明するが、なんと襲撃犯のうち、「Qアノン」信者はわずか6％に過ぎないという調査結果が出ているのだ。

日本ではこの逮捕者に関するニュースはほとんど報道されていないが、アメリカの名門であるシカゴ大学が逮捕者たちの詳細な身元調査(プロファイリング)を行っている。調査プロジェクト(Chicago Project on Security and Threats :CPOST)を主宰したのは、ロバート・ペイプという学者だ。学生を含む30数名の研究チームを編成し、FBIなどで公開されている起訴状を丹念に読み込むことによって、逮捕者たちの人口構成や社会的背景を検証し、その結果を大学のサイトでまとめて公開している(https://d3qi0qp55mx5f5.cloudfront.net/cpost/i/docs/Pape_-_American_Face_of_Insurrection_(2022-01-05).pdf?mtime=1654548769)。

その結果は、一般的な認識を覆《くつがえ》す衝撃的なものを含んでいると同時に、確かに「これはアメリカ内戦の始まりかもしれない」と予感させるものでもあった。早速調査結果を紹介しよう。

襲撃メンバーの特性、8つの傾向

2021年5月14日時点で、議事堂を襲撃して逮捕・起訴された人間は、計400名以上にのぼった。これまでに判明している襲撃メンバーの傾向は、具体的に以下の8点にまとめられるという。

1. 逮捕者の90%程度が白人男性である
2. 逮捕者の7割近くが中年以上
3. 逮捕者の50%近くが弁護士や企業幹部などの富裕層
4. ミリシア(民間武装組織、自警団)や極右団体関係者は10%程度
5. Qアノン信者はわずか6%
6. 参加したきっかけは「トランプの呼びかけ」に応じた人がほとんど
7. 民主党が強い選挙区に住むトランプ支持者が50%以上

8．彼らを駆り立てたのは「白人の権利が奪われる」という恐怖心

1．襲撃したのはほとんどが「白人」の「男性」である。

これはある程度は予想されていたものだ。というのも、当日の事件で報道された動画などを見ても、いくつかの例外を除けば、そのほとんどが白人男性であったことは誰の目にも明らかであったからだ。

近年アメリカで逮捕された極右主義者たちを見ても、そのほとんど（94％）が白人の男性であると判明している。

ロバート・ペイプ
（CPOSTディレクター）

ペイプの調査チームによれば、今回の事件で逮捕・起訴されている人々のデータもそれとほとんど変わらず、白人は93％、男性は86％であるという結果が出ている。

これだけ見ると襲撃した人々は「トランプを支持する貧しい極右過激派」という印象が強いが、その次がやや意外だ。

2.　3分の2以上が34歳以上の中年である

ペイプ自身もメディアで語っていたが、ここが実に驚くべき部分だ。議事堂を襲撃し逮捕・起訴された人々は、なんと7割近く（67％）が34歳以上だというのだ。

これは61％が35歳以下という、若くて血気さかんな極右の逮捕者たちとは大きく違う。

そしてこれは次の意外な事実とつながってくる。

3.　富裕層が多い

驚くことに、逮捕者の47％がビジネス・オーナーや事務系労働者であり、医者、弁護士、会計士、CEO、そして大企業の専門職や中間管理職だったという。

もちろん年齢層がある程度上であれば、それなりに安定した職業についている人は多いとは予想できるが、考えてみればたしかに全米からわざわざ首都ワシントンまで来て議事堂を襲撃できるだけのフットワークの軽さがあるということは、それなりの経済基盤がないと不可能である。

4.　ミリシア・極右団体関係者は意外に少ない

上記のような裕福な中年層が中心だということがわかると、これも納得できる部分がある。逮捕された人々は日常的には普通の生活を営んでいる人々なのであり、普段から郊外の山にこもって銃の訓練をしている民間武装勢力のようなイメージはない。

ちなみにプラウド・ボーイズ（ネオファシズム思想のオルタナ右翼団体）を筆頭とする極右団体関係者は、逮捕者のうちたった12％しかいなかったことが判明している。つまり襲撃に参加した大多数は「一般人」だったのだ。

この事実が、この調査結果において後に大きな意味をもつことになる。

5．Qアノンの信者は少ない

議事堂襲撃事件は、アメリカの大手メディアでは陰謀論を流布する「Qアノン」が発信する言説を信じた人々によって引き起こされたというイメージで語られることが多かったが、実際は逮捕者のうちのたった6％しかQアノンの言説を信じていなかったことが判明している。これはアメリカの全人口の中でのQアノンの支持者の割合（17％）に比べても半数以下だ。「襲撃した人々は陰謀論にそそのかされて襲撃した」とは言い切れないことになる。

では彼らは、一体何をきっかけに議事堂に集まり、襲撃に加わったのか。

6. ほぼ全員が「トランプ大統領の指示で集まった」と証言

彼らが当日、連邦議事堂に集まって選挙人の認定を妨害するように指示したのは誰だったのか。彼らの中で一貫して共通した答えは、トランプ大統領(当時)の呼びかけに応じたというものである。

たとえばテキサスから参加した女性は地元テレビのインタビューで「(トランプ大統領)が『そこ(議事堂の中心部)に行け』と言ったので、私は大統領の呼びかけに応じて行っただけよ」と答えている。

もちろんトランプ大統領本人は、議事堂襲撃事件というういわば「テロ事件」を煽動《せんどう》したことになってしまうので、自分はただ集会を開こうと言っただけで襲撃を命じてはいないという立場だ。だが襲撃に参加したほとんどの人々は、自分はトランプ大統領の呼びかけに応えて議事堂に侵入したと証言しているのだ。

7. 半数が民主党が強い選挙区のトランプ支持者たちであった

おそらく最も意外で興味深い事実がこれだ。逮捕者の半数以上(52%)が今回の選挙でバイデンを選んだ選挙区、つまり民主党の強い地区から集まってきていたということだ。たとえば伝統的に民主党が強いニューヨーク州やカリフォルニア州、とりわけ同州の中でもリベラル色が強いハリウッドなどから参加するためにやってきた者もいる。

そしてここから示唆されているのは、今回の調査で最も大きな発見となる以下の事実だ。

8. 逮捕者たちは「白人の権利が奪われること」に恐怖感を感じていた

彼らの動機として共通しているのはこの恐怖感であり、調査を主宰しているペイプ教授は、この心理を「大きく取って代わられることの恐怖」(The fear of the great replacement)と表現している。

なぜこのような要因を特定できたのか。ペイプは過去に行った自爆テロの研究の時にテロ実行犯たちの「信条」(belief)を重視したことがあったからだ。

ここでペイプ教授について紹介しておこう。ペイプ教授は日本ではほとんど知られていない国際政治学者であるが、最初は戦略研究、とりわけ航空戦力(エアパワー)の研究者として注目された人物であり、日本への空襲を含む「空爆」というのは本当に「効く」のかどうかを、統計的なデータを徹底的に使って分析し、実はそれほど効果がないと論じている。

その後、2001年9月11日に発生したテロ連続多発事件に衝撃を受けて研究分野を「自爆テロ」に変え、おなじく統計的な手法を使いつつ、今度はテロを行った人物や社会的な背景まで調べ上げる手法で世界中の自爆テロの共通項や特殊性などを検証し、9・11事件以降に中東で起こった自爆テロの大半がアメリカの介入に反発した動機によるものであったことをつきとめている。

実に皮肉なことだが、ペイプ教授はこの自爆テロの研究で培《つちか》った手法を、今回のアメリカ連邦議会議事堂襲撃事件という「国内テロ」の逮捕者を徹底して調べあげることで、実に意外で興味深い結果を導き出しているのだ。

これを踏まえて、今回もペイプは逮捕者たちの考えや価値観の部分を詳しく見たわけだが、そこから見えてきたのは、ヒスパニックや黒人などのマイノリティに(実際はともかく)相対的に権利を奪われていると危機感をつのらせたことが彼らを行動に駆り立てた——という実態である。

これは陰謀論よりも根が深い。先に「アメリカ内戦の危機」と書いたのはそれゆえのことである。

襲撃犯像から見える、3つの課題

これまでの結果をまとめると、次のようなことが言えるだろう。

連邦議事堂襲撃事件で逮捕された人々から見えてくるのは、アメリカの白人男性たちが自分たちの権利が奪われることに恐怖を感じ、それが極右勢力と力を合わせて、アメリカ国内で大きな政治ムーブメントへと変化していたということだ。

この結果をどう受け止めるべきか。私は以下の3点において、この襲撃事件から見えてくるアメリカの問題は、われわれにも大きな意味を持つと考えている。

第一に、現地にいる日本人や日系人にとって、アメリカは当分の間、居心地の悪い場所になる可能性が高いということだ。

実際にアジア系に対する犯罪は増加しており、これが大きなニュースになっていることは、日本にいるわれわれもよく聞く。「白人を脅かす（と白人主義者が感じる）マイノリティ」は黒人やヒスパニックだけではない。

しかもこの調査からは、むしろ白人の比率が高いトランプ支持者の多い地区の方がむしろ安全かもしれないというパラドックスも見えてくる。

第二に、過激主義への締めつけが同盟国にも及ぶ可能性もあるという点だ。

ご存知の通り、バイデン政権はマイノリティや多様性、人権などを重視した、リベラルな価値観を強く押し出してきている。

今回のような調査結果の中で、襲撃犯の中に数名の現役の軍人がいたことも判明している。そのため、実際にアメリカ軍に所属する人たち全員のＳＮＳを継続的に監視するという動きに出ているのも気になるところだ（「Pentagon prepping program to screen military service members' social media for extremism［米国防総省、ソーシャルメディアで軍人の過激派を探知するプログラムを準備中］」ＦＯＸニュース https://www.foxnews.com/politics/pentagon-screen-military-members-social-media-extremist-views）。

このような人権重視や過激主義の姿勢は、中国に対する厳しい目だけでなく、同盟国である日本に対しても同じような（アメリカ側から見た日本の）過激主義への風当たりが強くなることも考えられる。

第三に、日本の知識人のトランプ大統領とその支持者たちへの勝手な思い込みが暴《あば》かれてしまったということだ。

２０２０年11月に行われた大統領選挙後には、一部のインターネット上の言論空間において、熱心な日本のトランプ支持者たちの意見が盛り上がり、「大統領選挙は不正選挙だった、本当の大統領はトランプ氏だ」という議論がまことしやかに主張されていた。たとえばこの襲撃事件を起こしたアメリカのトランプ支持者たちの行動を、リベラルな過激派による陰謀だとするような言説も見られ、しかもこれがそれまで比較的まともだと思われていた日本のジャーナリストや知識人の間でも散見されたのである。

ところが前出のペイプ教授の調査でも判明しているように、その実態は、アメリカの将来に強い危機感を抱いた白人たちの暴力的な政治運動であるという側面が大きい。

「トランプこそが民主主義の守り手であり、本当の大統領だ。本当の選挙結果は何者かによって奪われたのだ」という議論が、いかにそうした人々の思い込みにすぎなかったか。このような言説を日本に流布《るふ》させた人々の見識も、同時に問われなければならないだろう。

トランプは穏健で懐《ふところ》の深いところもあった保守政党としての米共和党を変質させてしまった。大統領選挙で煽《あお》られた過激なトランプ支持者たちはアメリカ政治の分断をもはや後戻りできないところまで進めている。

第五章　内戦に向かうアメリカ

分断から危機へ

米議会議事堂突入事件という驚愕《きょうがく》の事件を乗り越えて大統領に就任したバイデンは、2021年6月、イギリスのコーンウォールでのG7会合で、「アメリカは戻ってきた！」と高らかに宣言し、国際主義への復帰をアピールした。

たしかに先進国として、バイデン大統領が新型コロナ対策への取り組みや気候変動への後進国への支援を行い、中国やロシアのような権威主義的な国々に対抗するために「民主的連帯」を政策として打ち出したことは、世界におけるアメリカのリーダーシップを期待する人々にとっては、実に安心できるものであった。

だが一方で、こんな声もある。ダニエル・ドレズナーという学者が、数年前に外交専門誌であるフォーリン・アフェアーズ誌で展開した議論(共著)を紹介しておきたい。

タフツ大学のフレッチャースクールという名門校の教授であるドレズナーと共著者らは、「大戦略の終焉」という論文で、こう述べている(「The End of Grand Strategy America Must Think Small」 https://www.foreignaffairs.com/articles/world/2020-04-13/end-grand-strategy)。

「ここ数十年間でアメリカの大統領の権限が強まっていた。ただしこのような大統領の権限の強化や裁量の肥大化というのは、それこそオバマ大統領や、その前のブッシュ大統領の頃から、長年かけて強まってきたトレンドだ」というのだ。

これはトランプ大統領が就任すると、すぐに環太平洋パートナーシップ協定(ＴＰＰ)を議会に相談なく脱退した例などからもわかる。

つまりアメリカは、冷戦期の「封じ込め」のような、一貫して安定した**大戦略**に基づく施策を行うのがもう難しい状況になっている。たとえば次の大統領選挙でバイデンが負けて、共和党政権に交代すると、トランプになるかどうかに関係なく、現在のバイデン政権の国際主義が容易に否定される可能性が高くなるということだ。

アメリカがどうなるのか、日本と世界は懐疑的な目で見つつ、備える必要がある。

なにより、本国アメリカの分断は、議会突入事件後も、事件を煽《あお》ったなどとしてトランプ前大統領が起訴されるという前代未聞の状況となっても、一向に収まる気配がない。

アメリカでは、相変わらず政治の深刻な分断が進んでいる。日本ではあまり報じられなかったが、その深刻な分断を象徴するようなニュースが3つあったので、それらを簡単に紹介してみたい。

分断①　文民統制の揺らぎ

分断を象徴する事例の1つ目は、アメリカ軍の元将官たち120名あまりで構成される「Flag Officers 4 America」と名乗るグループが連名で、2021年5月10日に発表した公開書簡である（https://img1.wsimg.com/blobby/go/fb7c7bd8-097d-4e2f-8f12-3442d151b57d/downloads/2021%20Open%20Letter%20from%20Retired%20Generals%20and%20Adm.pdf?ver=1620643005025）。

そこでは「大統領選の投票がバイデン氏に有利なように不正に行われた」という陰謀論を展開しつつ、「憲法上の権利に対する全面的な攻撃」によって国家が「深い危機に瀕《ひん》している」と警告する内容だった。

日本のごく一部では、トランプ支持派のこの退役軍人たちの行動を「非常に愛国的な行動である」と絶賛する向きもあった。だが、これはアメリカにとっては極めて恥ずべき、民主主義国家の前提を揺るがす大変危険な行為である。

軍人と国家指導者たちの関係についての議論(俗に**政軍関係**という)の学問的な伝統に馴染みのない日本の識者にはピンとこないかもしれないが、アメリカのプロの政軍関係の研究者たちにとっては、こうした書簡が元将官らから出されることの方がよほど「深い危機」である。

なぜならこれは、アメリカのような民主国家にとっての大前提である「国家の戦略的意思決定の最終的な責任が、軍部(軍事独裁)ではなく、民主的に選ばれた政治家(文民)の手に委《ゆだ》ねられることが望ましい」という規範的な伝統を、根底から覆《くつがえ》す行為であったからだ。

そのため、元将官らの書簡には批判が殺到したが、とりわけ「ジョー・バイデンに対する軍事反乱」だと厳しく批判したのが、デューク大学のピーター・フィーバーという学者だ。

フィーバーは、この分野の著名な専門家であり、アメリカ政府の高級官僚として働いた経験を持つ。フィーバーによれば、手紙の内容そのものよりも、彼らの行動が許せないという（「The Military Revolt Against Joe Biden」フォーリン・ポリシー誌 https://foreignpolicy.com/2021/05/12/joe-biden-military-revolt-liz-cheney/）。

非常に不愉快なのは、１２４人の署名者全員が、文民の指揮下に置かれ、偏狭《へんきょう》な党派的政治とは切り離されるべきであるという貴重な原則を持つ職業の退職者であることだ。憲法に忠誠を誓うことを繰り返してきた彼らが、憲法を、特に文民統制の重要な原則を、全力で損《そこ》なっている。

日本でもよく言われる「文民統制」だが、アメリカでの峻別《しゅんべつ》はより厳格なものなのだ。

分断② フリンの「クーデター容認発言」

２つ目は、マイケル・フリンという人物の発言だ。

フリンと言えば、トランプ大統領の政権で最初に国家安全保障アドバイザーを務めたアメリカ陸軍の元中将であり、ロシア疑惑の捜査に絡んで偽証を行なったとして罪に問われたが、最後は元上司のトランプ大統領に恩赦《おんしゃ》されたという人物だ。

オバマ政権では国防情報局《DIA》長官まで務めた人間だったが、どうも思い込みが激しい性格のようで、トランプ政権にアドバイスを行い始めてからは、陰謀論に基づく数々の問題発言を行うようになっていた。その決定的な問題発言は、2021年5月30日にテキサス州ダラスで開催された、陰謀論者たちを中心とするトランプ支持者たちが集まった集会(For God & Country Patriot Roundup)での質疑応答の際のやり取りである。

マイケル・フリン
(元国家安全保障問題担当大統領補佐官)

この時にフリンは会場からの質問に答えるかたちで、「ミャンマーのような軍事クーデターはアメリカでも起こるべきだ」という主旨の発言をして大問題となった。

もちろんその後にこの発言の深刻さに気づいたフリンは、自身のSNSのサイトで火消しに回ったわけだが、彼は元軍人であるために退役直後から軍人年金を受け取っており、しかも現役と同じように「軍事司法統一法典」(the Uniform Code of Military Justice)に従わなくてはならない立場にある。

しかもこの法律では、フリンのような元軍人の高官が「他の者と協力して、反乱、暴力、その他の騒動を起こして……合法的な市民権の転覆または破壊を引き起こす意図」を持っていた場合には「煽動罪」に問われるというのだ(「How the Military Should Deal With Its Michael Flynn Problem[軍はマイケル・フリンの問題にどのように対処すべきか]」https://slate.com/news-and-politics/2021/06/michael-flynn-coup-court-martial.html)。

もちろんフリンの発言は「反乱、暴力、その他の妨害」を引き起こすような行為とは言い切れない、極めて「グレー」な発言だったのかもしれない。だが、それでも軍法会議にかけろと言われてもおかしくなかったほどであり、会場でその発言を熱狂的に受け入れていた人々も「異常」だったと言える。

分断③　アメリカ人の14%が「Qアノン・陰謀論者」

そして3つ目が、2021年に発表されたアメリカ国民の意識調査の結果で、驚くべきことに、いわゆる「Qアノン」と呼ばれる陰謀論の意見が、アメリカ国内で予想以上に信じられているという実態であった。

ＰＲＲＩ(公共宗教調査研究所)が２０２１年5月27日に発表したレポートによると、共和党員の約４分の１にあたる23％が、Qアノンムーブメントに関連した一連の陰謀論的信念に賛同していることが判明したという(https://www.prri.org/research/qanon-conspiracy-american-politics-report/)。

このような信奉者たちは、大きくいえば以下の３つの仮説に同意している。

１．米国政府、メディア、金融界は、世界的な児童買春(売春)を行っている悪魔崇拝の小児性愛者たちに支配されている。

２．権力を握っているエリートたちを一掃し、正当な指導者たちを取り戻す「大嵐」がやってくる。

３．あまりに大きくなった腐敗を正すため、真のアメリカの愛国者たちは国を救うために暴力に訴えなければならないかもしれない。

全米では、これらすべての意見に「反対」と答えた人が大多数を占めてはいる一方で、「ほとんど賛成」または「完全に賛成」と答えた人が14％もいることは見逃せない。単純にいえば10人に1人以上ということになるので、政治的にもその影響力は見逃せない。もちろんこれを「よくある単純な陰謀論だ」と一蹴するのは簡単だ。だがこのデータだけでも、アメリカ内部での政治的な意識の分断、とりわけ人々が「何を真実とみなすのか」の見解でさえ、これほど分断しているという事実は、もっと日本でも認識されてよい。

「国内テロ」だった議事堂襲撃

というのも、日本も他人ごとではないのである。米議会議事堂突入事件当初、トランプ支持者に親近感を抱く日本のネットの界隈でも、「議会襲撃は『アンティファ』(過激な反ファシスト左派組織)たちが先導した**偽旗作戦**《にせはた》だ(別集団の旗を掲げて行動を起こした結果をその集団のせいに見せかける)」というデマを真に受けた議論も散見された。これはアメリカの右派系のメディアの情報をそのまま垂れ流していたにすぎない。

実態はどうだったか。すでに逮捕者も大量に出て裁判も始まっており、下院の特別委員会でも無数の証言や証拠が集められている。その結果、トランプ支持者たちだけでなく、現役の議員や大統領のスタッフ、さらには大統領自身が、積極的に民主的なプロセスを暴力的に妨害しようとしたという事実が明らかになりつつある。

さらには、今回の件を「アメリカの内戦への一歩だ」というより大きな文脈でとらえようとしている識者がいて注目を集めている。

カリフォルニア大学サンディエゴ校のバーバラ・ウォルター教授は、長年にわたってシリアやイラクなどの例を研究し、どのような要因が国家を内戦に向かわせるのかを研究してきた人物だ。2022年1月末に発売された『アメリカは内戦に向かうのか』(How Civil Wars Start: And How to Stop Them/邦訳は2023年4月刊、東洋経済新報社)の中で、そのような分析をアメリカに当てはめて、いかに内戦に近づいているのか、実に興味深い検証を行っている。

彼女は以前からアメリカにおける民主制度の力の低下について指摘していたが、2021年の事件発生の直後にもあるラジオのインタビューで「1月6日の事件をどのように定義するか」という質問に「国内テロ」(domestic terrorism)であると断言している。

ずいぶん過激な言葉を使うと考える人もいるかもしれない。だが、彼女はその定義を「政治目的のために非合法な暴力とその脅しを使うこと」と定めていて、これは今回の一件にまさに当てはまる。

ちなみに暴動事件を起こした人物たちにとっての「政治目的」とは「バイデン当選の阻止、トランプ再選の実現」であった。

ただし注目すべきは「国内テロ」という指摘ではなく、むしろ彼女が新刊で行っている「アメリカの内戦勃発の可能性が高まっている」という指摘の方だ。

アメリカが内包する「分断リスク」

彼女はこの新刊の中で、どこで内戦が始まるのか、誰が始めるのか、何が引き金になるのか、なぜ紛争に陥《おちい》る国がある一方で安定を保つ国があるのか、といった「警告のサイン」を明らかにしており、それらを数々のデータを踏まえて世界の国々をいくつかのカテゴリーに分類している。

たとえば過去にアメリカが占めていた「成熟した民主国家」というカテゴリーには、ノルウェーやアイスランド、スイス、ニュージーランド、カナダ、コスタリカ、そして日本など

アノクラシーによる内戦の起こりやすさ

安定	不安定	安定
独裁体制	アノクラシー	デモクラシー
−10〜−6	−5〜+5	+6〜+10
習近平体制 かつてフセイン体制 リビアのカダフィ 以前のミャンマー スリランカ・ラジャパクサ以降	北アイルランド オバマ以降の米国？ 南米・アフリカ諸国 今のミャンマー スリランカ・ラジャパクサ以前	デンマーク オバマ以前のアメリカ スウェーデン 日本

出典：ウォルター『アメリカは内戦に向かうのか』を元に筆者作成

が入り、アメリカはここ数年のうちに当該カテゴリーから脱落している、という。

　ではアメリカはどこに分類されるのか。ウォルターは、アメリカは今やエクアドル、ソマリア、ハイチのような民主主義と独裁国家の中間にある「アノクラシー」(民主制と独裁制を混合する体制)であると指摘している。

　実際のところ、トランプ大統領の下でアメリカの民主制度《デモクラシー》の状況は劇的に悪化し、もはや定義的には民主国家に当てはまっていない。つまり「部分的な民主国家」でしかない、というのだ。

　さらに悪いことに、彼女は「『部分的な民主国家』は『成熟した民主国家』と比べて内戦を経験する確率が3倍になる」と指摘しており、さらに内戦のリスクが高い国の要素として「人種・文化の分断があること」としている。

これはまさに現在のアメリカそのものではないだろうか。

内戦に向かうアメリカ

さらに本書の特徴をあげていこう。

第一の特徴は、内戦の研究成果を紹介していることだ。「内戦」(civil war)とは、一般的な国家間の軍事衝突を表す「戦争」(war)とは異なり、国際政治学(国際関係論)においては冷戦直後の90年代から始まった、まだ新しい研究分野だ。

ところがこのウォルター教授は、学者としてのキャリアを、まさに冷戦後のこの研究分野が盛り上がり始めたのと同じ時期から開始しており、そのキャリアのほぼ全期間を、世界の内戦研究の進展とともに過ごしてきた初めての世代の専門家であると言える。

興味深いのは、彼女の30年の内戦研究のキャリアの中で、なんとCIAの諮問《しもん》機関である「政情不安タスクフォース」(Political Instability Taskforce)という組織にアドバイスしていたことだ。つまり彼女は学者として海外で頻発《ひんぱつ》する内戦を取材するとともに、その比較研究で得た知識を実際に政府機関の情報分析のために活用した経験を持つ。

もちろんＣＩＡは海外の国々の内戦のリスクしか見ないのだが、彼女はそこで働くうちに、この分野の知見はそのままアメリカ国内にも適用できると気づいてしまったという。

その成果が本書にはふんだんに盛り込まれている。

第二に、内戦が起こりやすい国の条件を具体的に特定していることだ。その条件は２点あり、①成熟した民主制と独裁制の間の「**アノクラシー**」、②人種・文化などの「アイデンティティーの分断」の存在、であると指摘している。

まず「アノクラシー」(anocracy)であるが、彼女によればそれは「部分的な民主主義」とでもいうべき状態の国であり、選挙不正の訴えなどによって民主制度に黄信号がともっているアメリカは、まさにこの状態にあるということになる。

ちなみに「部分的」ではなく「成熟した民主主義国」の例として挙げられているのは、北欧や西欧の国々であり、日本もここにギリギリ当てはまるようだ。

その逆に、北朝鮮やロシア、それに習近平政権の中国のような独裁国は、内戦のリスクは低いという。独裁国家になると、批判者をしっかり弾圧できるので、逆に政治が安定するからだ。

興味深いのは「貧富の格差」という一般的にメディアなどで喧伝される要素は、内戦の原因としてはあまり強くないとされている点だ。貧しい側にはそもそも反政府運動を組織するような力がない、というのがその理由であり、これは歴史的な例からも言えるという。

内戦を起こしやすいのは「白人の主流派」

第三に、内戦は主にどのような人々によって起こされるのかを特定していることだ。ウォルター教授によれば、これは内戦研究における意外な発見であるとしつつ、内戦を起こすのは主に「その国で主流派とされるグループ」であり、彼らが**「優位な立場を失っている」と感じる喪失感が原因**だという。

これを説明するために、ウォルター教授はフィリピンのミンダナオ島で展開されるモロ族(かつてはこの島の主流派であった)による反乱や北アイルランド(かつてはカソリックが主流派だった)における例などを提示するのだが、このような主流派の喪失感は、たしかに近年のアメリカにも当てはまる。

これは先に紹介したシカゴ大学のロバート・ペイプ教授の調査による、米議会突入事件の逮捕者の実相とも一致するだろう。

つまりアメリカの場合も、白人(しかもキリスト教徒)が自分たちの特権的な地位を奪われるという恐怖感から反乱的な行動に出ているといえる。米国内の白人による極右テロの件数が増えたのはオバマ大統領の誕生直後の2009年から、というのも納得できる。

第四に、内戦に至るまでのステージを明示していることだ。

彼女の本はCIAが2012年に公表した報告書にある指標を使っているのだが、それによるとステージは3つあり、第一段階が「反乱前のステージ」(Preinsurgency Stage)であり、ここでは内乱を起こそうとする勢力が自らのアイデンティティーを確定し、武器を集め始めたりする段階だ。

第二段階が「初期の紛争ステージ」(Incipient Conflict Stage)と呼ばれ、暴力事件は発生しながらも、まだそれは単発の個別の事件として扱われる段階だという。

本書の中では元米陸軍兵士のティモシー・マクベイらが、1995年4月に車に仕掛けた爆弾でオクラホマシティ連邦地方庁舎を爆破し、子供19人を含む168人が死亡、800人以上が負傷した事件を典型的な例であるとしている。つまり政府はテロ行為を行う集団については認識しているが、それが大きなムーブメントの一部だとは判断していない状態だ。

第三段階は「反乱開始ステージ」(Open Insurgency Stage)と呼ばれ、実際に戦闘が開始される段階だという。

ウォルター教授によれば、アメリカはこの第一段階と第二段階の間を行き来しているということになる。その実例は、まさに2021年1月6日の議事堂乱入事件であるが、その後も、たとえばナンシー・ペロシ下院議長の夫が夜中にサンフランシスコの自宅で極右の過激主義者からハンマーで殴られるという事態が発生している(2022年10月28日)。

この一件から見ても、現在のアメリカは第二段階にあると言えそうだ。

また、ここでは第三段階が突然訪れると示唆しているのが不気味だ。その証拠として、彼女はボスニアやコソボ、そしてイラクなどの市民たちの発言を紹介しつつ、人々は内戦が本格的に発生する第三段階まで事態の深刻さに気づいていなかったのが大半だという。

内戦を避けることは可能なのか

第四に、これから起こりそうな内戦の姿を描き出していることだ。

「内戦」といえばアメリカの場合は1860年代に起こった南北戦争のような正規軍同

士の戦いに近いイメージを浮かべがちだが、今後起こるかもしれないアメリカの内戦はゲリラやテロ組織とのそれ、つまり80年代の北アイルランドのものに近いという。

その最大の理由として、連邦政府が持っている米軍の力が圧倒的であり、それに対して組織的に対抗できるような軍事組織を反乱勢力が持てないことを著者は挙げている。

第五に、それを防ぐにはどうすればいいのかを示している。

具体的には南アフリカの白人を中心とした主流派が、人種隔離政策(アパルトヘイト)を批判されたことをきっかけに権力を黒人側に明け渡した時のような、リベラルな行動が肝《かん》要《よう》だと指摘する。

これをアメリカに当てはめると、共和党の支持者の中でも白人の保守~極右側が、どこまで有色人種や移民勢力などに社会的地位を譲ることができるのかが問われる。だが、現在のような分断が進む政治状況の中でこうしたことが果たして実行可能であろうか?

もしもトランプが大統領に再選されたら

アメリカの分断を巡る議論では、他にも気になるデータがある。

2021年の半ばにアメリカの成人に対して行われた意識調査では、「2020年の選挙はドナルド・トランプから盗まれたもので、ジョー・バイデンは違法な大統領である」という意見に同意する人々が、なんと全米3億人の中に4700万人、つまりほぼ5人に1人もいることになる。

さらにそのうち2100万人が「ドナルド・トランプを大統領に復帰させるためには武力行使が正当化される」という意見にも同意しているというのだ(https://theconversation.com/21-million-americans-say-biden-is-illegitimate-and-trump-should-be-restored-by-violence-survey-finds-168359)。

以上をまとめて言えば、ここ数年間のアメリカの動きは、内戦に突入していった海外の数々の例と決定的に似通った傾向を持っているということだ。

実に暗い話だが、ここまでの一つの安心材料は、2022年の中間選挙でトランプ前大統領が支持を表明した極右的・陰謀論的な候補者たちが、目立った選挙区ではことごとく落選した。つまりアメリカ国民は全体的に、(極左も含めた)極端な候補ではなく、比較的穏健な政治家たちを選んだということだ。

一方で、極右側で不満を持った勢力は相変わらず存在している。その結果として、アメリカこそが世界最大の「**地政学リスク**」であるという状態は、根本的には改善していない。台湾有事の危険も迫る中、日本としてはその背後を守ってくれるはずのアメリカ国内の情勢が「内戦の危機」にあることを考慮せざるを得ない。特に２０２４年の大統領選挙までは、不安定な状態が続くだろう。

実際、トランプ前大統領は前代未聞の「大統領経験者が起訴される」という事態を迎えているにもかかわらず、大統領選出馬を宣言し、支持を集めてフロントランナーとなっている。もしトランプが大統領に再選されたらどうなるか。分断、波乱は必至と言えるだろう。

日本が安全保障を最も頼っている国が内側でこうした異常事態に見舞われていることについて、われわれ日本人はもう少し真剣に考えても良いかもしれない。

ではアメリカが内戦の危機に陥るリスクを回避できるような解決法はあるのだろうか？

倫理的にあまり好ましいものとは言えないが、そのうちの一つは、国外から来る「大きな脅威」を「全米の共通の敵」として認識させることかもしれない。

たとえばコロンビア大学の経済学部の教授で世界的にも有名なリベラル派のジェフリー・サックスは、２０２１年12月末発売のニューズウィーク誌の中でこう述べている（「今も最強の超大国を深刻な格差が蝕《むしば》む」２０２２年１月４日号）。

アメリカの混迷は国際社会にも暗い影を落としている。今のアメリカ人を団結させられるのは、外からの脅威に対する強い緊張感くらいのものだろう。

実に皮肉な発言だが、これは政治の分断にあえぐアメリカにとって、確かに「救世主」となる可能性がある。そしてその格好の存在が、東アジアで台頭し、アメリカが築いた国際的な秩序に挑戦する構えを見せている中国であることは言うまでもない。

第六章　アメリカの大戦略

アメリカ内戦こそ世界最大の「地政学リスク」

そのアメリカは2021年8月15日にアフガニスタンから撤退した。その様はあたかもベトナムからの撤退を思わせるような無残な姿に加え、20年も尽力したアフガン統治が一夜にして崩壊したことで、アメリカの指導力の低下、国力の衰退を象徴するものであるとの批判も飛び交った。

だが私は実はアフガン撤退には楽観的である。なぜならこの「戦術レベル」の失敗は、その上の「大戦略レベル」での利益を、アメリカ(そしてその同盟国である日本)にもたらす可能性が高いからだ。いわば、中国を中心とするアジア情勢に、いよいよ本格的に注力できる状況が整ったともいえるからだ。

アメリカが20世紀前半から保持しているとされる世界戦略では、「**リムランド**」と呼ばれるユーラシアの周辺部に、①西欧、②中東、③東アジアという3つの「**三大戦略地域**」を想定している。

冷戦時代、この3つの地域にそれぞれ同時に脅威を与えていたのはソ連という大きな帝国の存在だったが、冷戦後に超大国として世界の頂点に立ったアメリカは、ソ連の脅威がなくなったこれらの地域のバランスをうまく管理すればいいだけだ、と楽観的にとらえていた。

ところが1990年にサダム・フセインがクウェートに侵攻して湾岸戦争がはじまると、アメリカは②の中東への介入を強めることになり、さらに2001年の9・11事件をきっかけに「テロとの戦争」から「中東全域の民主化」へと、目標を転換した。

つまり、当初の2つの目標である

・アルカイダを匿《かくま》っていたアフガニスタンのタリバン政権の排除
・首謀者オサマ・ビンラディンの殺害

アメリカにとっての「三大戦略地域」

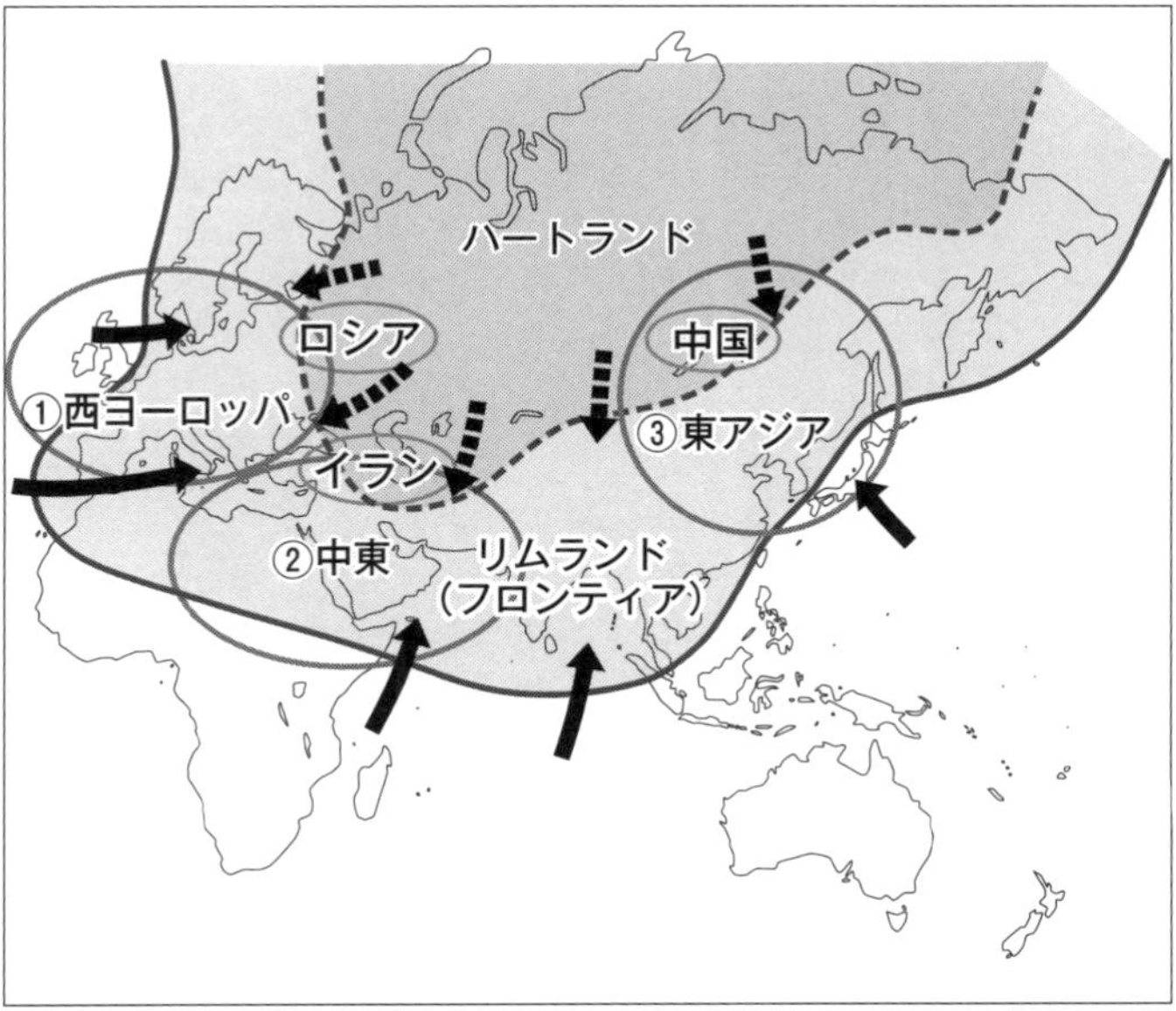

出典：筆者作成

を超えて、「中東全域の民主化」という新たな目標をひっさげ、崩壊したアフガニスタンやイラクの「国家建設」や「民主化」を狙い始めたのである。ところがこれは、東アジアで台頭しつつあった中国への対処を遅らせるという意味で、実にまずい戦略的な間違いであった。

実施できなかった「アジア・ピボット」構想

事実、その合間に中国は経済的に成長しただけでなく、軍事費も毎年二ケタ成長を続けており、2012年の習近平政権発足以来、南シナ海での人工島埋め立てによる海洋領土の拡大や、日本やベトナムとの領海争いを本格化させている。

実際、アメリカも自身の大戦略の間違いに気づいており、オバマ政権（2009－17年）で2011年に事件の首謀者とされるオサマ・ビンラディンを殺害したあとは、アフガニスタンなどに駐留する意義を失っていて、②の中東から戦力を退いて、③の東アジアで台頭する中国に注力する方針を示していた。

これが俗に「**アジア基軸戦略**」（Asia Pivot Strategy）と呼ばれる方針転換であった。

ところがリビアなどで余計な介入を続け、シリア内戦やＩＳＩＳの台頭などが続き、結果としてオバマ政権は②の中東から手を引くことなく、アメリカはトランプ政権のタリバンとの合意まで不毛な介入を続けることになったのだ。

このような流れから考えると、バイデン政権のアフガニスタン撤退は、アメリカが２００１年に犯した大戦略の間違いの修正であり、株式投資で言われるところの「損切り」であったと言える。

これによってアメリカは、テロという戦術的な脅威ではなく、より大きな戦略的な脅威となる、③東アジアの中国に真正面から対処できるようになったのである。

それは、現在のアメリカの戦略的な脅威である中国にとって、今回のアフガニスタン撤退はどう映るだろうかを考えることで見えてくる。

「チャンス到来だ」とか「該当地域を、中国はすでに何千年にもわたって隣でコントロールしてきたので、タリバンが政権をとっても大丈夫だ」という楽観論もあるが、果たしてそうだろうか？

たとえばよく話題に上がるのは、カブール近郊の世界でもトップクラスの埋蔵量を誇るアイナク銅山をはじめとする、手つかずの天然資源だ。「北京が影響力を増せば優先的に開発できるようになる」という議論もあるが、アフガニスタンにはそもそも開発ができるようなインフラが整っておらず、たとえ採掘できたとしてもそれに見合うほどの低コストで実現するとは思えない。

また、「中国はアフガニスタンのような周辺の不安定な国をコントロールしてきたから、これからも問題ない」とする意見だが、これも楽観に過ぎる。現在、対外的な軍事力の整備よりも国内の治安維持の方にコストをかけている中国の立場から見ると、アフガニスタンとはほんのわずかしか国境（ワハーン回廊付近の90キロ前後）を接していないにもかかわらず、イスラム系のテロリストが流入する可能性が強まることを考えると、国内にウイグル問題を抱える立場としては楽観視できない。

つまりアメリカ（と日本）の立場からすれば、今回の米軍のアフガニスタンからの撤退は、中国の国家リソースを、海洋進出ではなく、内陸側の情勢安定に向けさせることになる。

逆に言えば、これまで中国が南シナ海をはじめとする海洋進出が可能となったのは、内陸の最果ての不安定なアフガニスタンを、アメリカがこの20年にわたって抑えておいてくれたからだ。前述したように、その合間にできた余裕で、中国は海洋進出を進めることができたのである。

つまり中国にとって、アメリカの20年間にわたるアフガニスタン駐留は、実に「ありがたいもの」であったと言える。

この抑えが外れたいま、③の東アジアへの中国の圧力がわずかだけでも下がる可能性というのは、安全保障や戦略的な観点からみれば、アメリカだけでなく日本にとっても歓迎すべきことであろう。

対中戦略の修正

ではアメリカの対中姿勢はどうなのか。ロシアのウクライナ侵攻によって、当面、対処しなければならない事態が発生したことは確かだが、実際には国際社会は米中対立の大きな構造に取り込まれつつあった。

米中の「新冷戦」は、マイク・ペンス副大統領(当時)が、2018年10月4日にワシントンDCにあるハドソン研究所というシンクタンクで演説をしたことで本格的に始まったとされている。

この演説で、ペンスは「中国がアメリカに影響力工作をさまざまなレベルで行っている」

2018年10月、対中政策の転換を宣言したペンス副大統領（当時）の演説
提供・AP/アフロ

として、トランプ政権は「米国の利益と雇用、安全保障を守るために断固として行動する」と、かなり強い口調で中国に対抗していく強い意志を示した。

ところがこの「ペンス演説」から数年たった現在も、アメリカでは冷戦時代のソ連に対する「封じ込め」のような、何か「統一された対中戦略」のようなものがあるとは言えない状況だ。「習近平をはじめとする幹部たちの資産を狙え」と論じた匿名論者による提言書のように注目を浴びたものもあれば、半導体輸出規制など、一部では確かに「デカップリング」（経済関係の切り離し）は進んでもいる。

だが、アメリカ政府の総意として中国にこのように対抗していこうというコンセンサスを一つの戦略としてまとめたものは存在しない。

もちろんこれはアメリカのように様々な利害関係が国内に存在し、さらには世界で中国との貿易の取引額がアメリカよりも大きい国が多いことによって（「Watch China Overtake The US As The World's Major Trading Partner［世界の主要貿易相手国として中国がアメリカを追い抜いた］」https://merchantmachine.co.uk/china-vs-us/）、アメリカとしては「中国との貿易を遮断《しゃだん》せよ」と同盟国たちに迫るのは難しいという理由もある。

ただし私がそれ以上に問題だと思うのは、肝心のアメリカのエリートたちに、中国側の「リアクション」を踏まえた戦略的な思考が決定的に欠けている点だ。

これらを踏まえて、『ラストエンペラー習近平』（文春新書）にも出てくる戦略家エドワード・ルトワックの革命的な考え方「**パラドキシカル・ロジック**」を参照に、アメリカ（と日本）の識者に欠けている戦略思考の欠如を論じていきたい。

ジョセフ・ナイの対中戦略は正しいか

そこで検討する識者は、ジョセフ・ナイというハーバード大学の教授の戦略論だ。

ナイといえば、日本では国家が持つ力として、軍事力や経済力だけではない、文化的な魅力をベースにした「ソフト・パワー」という概念を提唱したことで知られる(『ソフト・パワー21世紀国際政治を制する見えざる力』日本経済新聞社)。

学者としては「国同士が経済的に互いに依存すれば戦争は起こらない」とするリベラル派の議論を提唱し、実務家としては主にアメリカの民主党政権を中心に長年にわたって対日政策を含む東アジアの安全保障政策に関与してきた人物でもあり、クリントン政権では国防次官補として政府高官も務めている。

すでに86歳(1937年生まれ)という高齢ながらも、いまだに定期的に意見記事などを精力的に執筆しており、2021年8月にも「アメリカがとるべき対中戦略」を発表している。

その内容を要約すれば、以下のようになる。

・中国は世界第2位の経済大国であり、2030年代、そのGDPは米国を超える可能性がある。

・仮にそうなったとしても、中国の一人当たりの所得は米国の4分の1以下にとどまり、経済的、人口的、政治的にも多くの問題を抱えたままだ。

・米国、日本、欧州は、まだ世界経済の最大の部分を占めているため、この同盟国間で政策を調整すれば、中国の行動を管理できる。

・中国との大国間競争の最大の目標は、生存をかけた戦いにおける完全勝利ではなく、「管理された戦略的競争」に設定すべきだ。

・そのためには、アメリカや同盟国は中国を「悪者」とするのではなく、中国との関係を「協力的なライバル関係」と捉え、双方に同時に注意を払う必要がある。

以上をまとめていえば、中国が経済的に世界ナンバーワンになっても多くの問題を抱えているし、日米欧でまとまればなんとかなる。中国を無駄に刺激することなく、競争関係を管理すれば共存していける、ということだ。

実に楽観的であり、アメリカの外交エリートにありがちな、誰もが納得できるもっともらしい提言だ。ただしルトワックが説く「パラドキシカル・ロジック」という戦略関係における相互作用というレンズから見ると、このジョセフ・ナイの対中戦略の提言には、以下の3つの点で致命的な欠陥があることがわかる。

第一の欠陥：考慮されない「中国側のリアクション」

「パラドキシカル・ロジック」が教えているのは、あらゆる戦略的な関係には実にシンプルな現実として、まず「自分」がいて、それに「敵対する相手」が存在するということだ。そしてこの「相手」という存在は、アクションをしかける自分たちに対して、必ずリアクションをとる。

これを踏まえて考えると、このナイの対中戦略の、第一の、そして最大の欠陥は、「中国側のリアクションを考えていない」という事実だ。

たとえばナイは「米国、日本、欧州という民主的な同盟国間で政策を調整すれば中国の行動を管理できる」としているが、果たしてそのようなことが本当に可能なのか。

歴史を振り返ってみると、アメリカのクリントン政権と、その後を継いだブッシュ政権が、2001年に中国を世界貿易機関（WTO）に加盟させた時のレトリックは「中国が経済成長して国際貿易体制に組み込めば、いずれは民主化して国際的なルールを守るようになる」というものであった。

ところが歴史を見ればわかるように、実際はその行動がアメリカや欧州が望んだようにはなっておらず、中国は経済成長しても民主化や、西側の考えるような「公平な自由貿易体制」の維持には向かわなかったのである。

つまりナイは元実務家でありながら、肝心の戦略論では中国側が日米欧に対してどういうリアクションをとってくるのかという想定がまったくなく、ただ楽観的に「管理できる」と提案するだけなのだ。

第二の欠陥：「覇権国・中国」の横暴を想定せず

第二点も中国側の行動に関することだ。それは、中国がナンバーワンになったときに、どのような行動をするのかが考慮されていないというものだ。

たしかにナイは記事の中で「中国も多数の問題を抱えている」と指摘してはいるが、世界のトップに立った中国が傍若無人《ぼうじゃくぶじん》に権力を振りかざすようになる可能性を想定していない。

ところが世界保健機関（WHO）や国連安保理など、すでに中国は国際機関における発言権を高めようとしたたかに動いており、15ある国連の専門機関のうち、国際電気通信連合（ＩＴＵ）や国連食糧農業機関（ＦＡＯ）など4機関のトップに自国の人間を送り込んで、議題を自国に有利な状況へと動かそうとしている。中国の意向が組織運営や政策に反映されるケースもあり、台湾の参加が認められなくなったり、一帯一路への協力が推進されたりしている（「中国、国際機関で存在感　4機関でトップ　米警戒強く」日本経済新聞2020年7月8日）。

第三の欠陥：アメリカ側の混乱を考慮していない

第三点が、アメリカが中国にナンバーワンの座を奪われた時に、一体どのようなリアクションを起こすのかについて、まったく考慮がないことである。

というのもアメリカは冷戦初期に、ソ連との国力が拮抗《きっこう》したと考えてパニックを起こしている。たとえば1950年代には「赤狩り」と称された共産党シンパを国内の役職から次々と追放するようなキャンペーンが行われ、本格的な冷戦体制の構築を強めた過去がある。

これは現在の中国に対しても起こり得ることであり、ナイのいう「国際的な管理」などと悠長《ゆうちょう》なことを政府の上層部が考えていても、国民側からの突き上げによって、政策変更を迫られる可能性がある。

もちろんナイは「アメリカ国内の政策議論もなんとか戦争に向かわないようにうまく管理すべきだ」と考えているのかもしれないが、アメリカ国民の反中感情が政治面に及ぼす影響を軽視している、と指摘されても仕方がないといえよう。

ナイのような対中戦略の提言に、中国側のリアクションまで考慮したものを期待するのは無理だという意見もあるだろう。だが「アメリカを中心として管理できるはずだ」という楽観論は無責任であるという批判からは逃れられない。

第七章　揺れる対中戦略

アメリカの対中派閥の見取り図

現実に、2022年から23年にかけての米中関係は対立の度合いを強めてきた。たとえばアメリカによる半導体関連の経済制裁が着実に進んだし、さらに気になるのは、それと同時に、批判を受けながらも保護主義政策も進めていることだ。

そのような中で今後の米中関係について気になるのは、アメリカの対中戦略に関する議論や識者たちのグループ分けはどうなっているのか？　という点だ。

最近発表された、実に興味深いレポートがある。カリフォルニア州立大学デイビス校の

現在の米国内の対中戦略：４つの派閥

１）戦略的競争派	現在の主流派（2018年～）★多数派に
２）関与派	経済成長で民主化実現（1970-2020年代）死滅
３）新冷戦闘志派	北京をつぶせ（1949年～）ごく少数派
４）競争的共存派	デタント、Ｇ２論（2022年～）ごく少数派

出典：マッコート論文より　筆者作成

社会学専門のデビッド・マッコート准教授がまとめたもので、現在のアメリカにおける識者たち１００人余りにインタビューを行い、その「対中戦略のスタンスの違い」を４つの派閥に分類したものだ（「Knowing the PRC: America's China Watchers between Engagement and Strategic Competition〔中国を知る：関与と戦略的競争の間のアメリカの中国ウォッチャー〕」https://www.wilsoncenter.org/publication/knowing-prc-americas-china-watchers-between-engagement-and-strategic-competition）。

マッコート氏は「独自につけたラベルである」と断ってはいるが、私はその4派閥をそれぞれ紹介しつつ、そこから全体的に見えてくる戦略的な課題や、日本にとっての戦略面での示唆について考えてみたい。

①バイデン政権を仕切る「戦略的競争派」

第一の派閥は「戦略的競争派」(the Strategic Competitors) であり、現在のバイデン政権下では多数派であり主流となっている。

具体的には「先端技術や軍事の面で激しく競争せよ」と説いており、実際にそのような政策が採用されている。トランプ政権以降の若手官僚や知識人に多いとされ、イデオロギー面ではなく、戦略環境を踏まえて新たに中国政策を見直そうとする人々だ。

たとえば元ジャーナリストでトランプ政権の官僚も務めた経験のあるマシュー・ポッティンジャーがその典型的な人物であるとされている。

あるいは現在の民主党ではベテラン官僚で『THE PIVOT:アメリカのアジア・シフト』(日本経済新聞出版)の著作のあるカート・キャンベルや、中国との長期戦について『中国の大戦略　覇権奪取へのロング・ゲーム』(日経BP)を書きバイデン政権入りしているラッシュ・ドーシのような知識人もいる。

中国との新冷戦の戦い方を説く拙訳の『デンジャー・ゾーン』(飛鳥新社)の著者の一人であるハル・ブランズなどもここに入るという。

②「関与派」は少数派に転落

第二の派閥が「関与派」(the Engagers) である。

これはニクソン政権の国交正常化からオバマ政権後期まで(1970年代～2010年代中旬)米国の中国ウォッチャーたちの間では主流となっていた派閥であり、具体的には「中国に関与してともに発展し、自由化・民主化させせよ」と説いてきた人々だ。

もちろんトランプ政権や現在のバイデン政権では主流派から追い出されてはいる。歴代の中国専門家や元外交官のような実務家に多く、どちらかといえば長期的に米中関係を楽観視している人々が多いという。

具体的には、クリントン政権で国務省の官僚を務め『中国:危うい超大国』(日本放送出版協会)という本も出しているスーザン・シャークや、『中国の領土紛争』(勁草書房)で北京の歴代の対外紛争を詳細に検証したテイラー・フレイヴェルなどがいると指摘されている。

この派閥の人々は「これまでの関与は失敗ではない」と主張するパターンが多く、決め台詞は「だったら、他に選択肢はあったのか?」となる。

実際にソ連と対抗するという地政学的な事情やその後の世界経済の発展という経緯を考えると、彼らの存在意義はあったし、いざ紛争の危機があった時の「ホットライン」の必要性や、現在の競争的な環境においても米中の外交「関係」が続くことを考えると、「知中派」や「中国専門家」としての彼らの長い経験はアメリカにとって不可欠なものだ。ただし現在彼らの発言や主張は完全に少数派となった。

③イデオローグ的な「新冷戦闘士派」

第三の派閥は「新冷戦闘士」(New Cold Warriors) というトランプ政権から現れてきた対中タカ派である。

彼らは主流派ではないのだが、主に保守系メディアや同シンクタンク、それに連邦議会においては強く支持されており、中国を挑戦やライバルよりも強い「敵」と認識しており、レトリックの面で中国を敵視する発言を繰り返し、基本的には「中国を潰さなければならない」というレジームチェンジ狙いであることを否定できない人々だ。

代表的な人物としてはトランプ政権の閣僚経験者たちが多く、たとえば国務長官を務めたマイク・ポンペオや、『米中もし戦わば』(文春文庫)の著者であるピーター・ナヴァロ、そして大統領のアドバイザーを務めたスティーブ・バノンたちがこれに該当するという。

知識人ではベテランの中国専門家ではあるが『China 2049』(日経BP)で北京の長期世界戦略を描いたハドソン研究所のマイケル・ピルズベリーや、いわゆる「ネオコン」たちもここに分類される。

全般的には政策的に中国の「封じ込め」や「デカップリング」を強く勧める傾向が強いとされる。端的にいえば「対中タカ派のイデオローグ」であると言えよう。

④中枢からは遠い「競争的共存派」

最後が「競争的共存派」(the Competitive Coexisters)と呼ばれる人々であり、現在のバイデン政権のタカ派的な政策に疑問を持った若手の識者や中国研究者に多いとされる。彼らは「現在のアメリカの対中政策は世界経済にも悪影響を与えるものであり、大戦争の危険がある」と主張し、とりわけアメリカ国内の反アジア人感情の高まりを懸念して中国との正面衝突は避けて外交的なつながりは最低限維持せよ、と説いている。

この派閥の代表的な人物としては、日本ではほとんど知られていないが、ジェシカ・チェン・ワイスというコーネル大学の学者がおり、米中対立を危険視して自制を促す各種カンファレンスでは、彼女が「スター」になっているという(「A Professor Who Challenges the Washington Consensus on China[ワシントンDCの対中コンセンサスに挑戦する教授]」ニューヨーカー誌 https://www.newyorker.com/news/persons-of-interest/a-professor-who-challenges-the-washington-consensus-on-china)。

ジェシカ・チェン・ワイス
(コーネル大学教授)

また、拙訳『米国世界戦略の核心』(五月書房)を書いたハーバード大学教授のスティーブン・ウォルトや、アメリカの無謀な拡大を牽制《けんせい》するクインジー研究所というシンクタンクの主席研究員として名を高めつつある冷戦史を専門とするスティーブン・ワーサイムのような、アメリカの政策に自制を求める学者たちもいるが、彼らの意見はワシントンから遠いところだけで響いているような状況だ。

もちろん気をつけなければならないのは、このような派閥の分類は固定化されたものではなく、その境界線が曖昧であり、複数の派閥にまたがるような意見を述べている人もいるため単純化は危険であるということだ。だがそれを踏まえた上でも実に参考になるものであるのは間違いない。

ではこの報告書の分類は、日本の実務担当者や識者たちにどのような示唆を与えているのだろうか。

アメリカの対中論調で注意すべきこと

第一は、派閥の流動性とそこから生まれるリスクである。

たとえば中国の対外政策の方向性に呼応する形で、アメリカ側の識者や政策担当者たちの感情が爆発し、具体的に言えば主流派となっている第二の「戦略的競争学派」は、容易に「新冷戦闘士派」に移るようなケースもありえるということだ。

これは歴史的にも実例があり、たとえば冷戦初期にアメリカではソ連との対立から

1950年代に「赤狩り」が大流行して、共産主義と少しでも関係があるような人物は政治・実務・学界から排除されたのだが、それが後のベトナム戦争の失敗につながった(パージしすぎて共産圏の東南アジアの専門家が消失し、誰も政府へ正確なアドバイスができなくなった)という苦い教訓がある。

今回も似たようなことがアメリカで起こらないとは限らない。

第二が「経済安保などが置き去りになっている」という懸念だ。たとえば現在主流の「戦略的競争派」では、とにかく中国への軍事・安全保障面での対抗策だけが提唱され、中国との経済安保面でのケアがおろそかになりがちだ。

当然だが、現在の中国は冷戦時代のソ連とは違って世界経済とのつながりが圧倒的に強い。そのため、アメリカが単独で「中国の競争に有利である」としてインフレ抑制法を制定したり、半導体産業に補助金を出すと同時に、同盟国たちに中国への輸出を禁止しようとしているのは、危険でさえある。

本来、安保以外の分野でもたとえばTPP(環太平洋パートナーシップ協定)のような多国間的なアプローチが必要であるのに、アメリカはあまり気のりしない様子だ。バイデン政権は、オバマ政権で提案され日本が存続させたTPPに加わることもなく、結果的に中国とビジネスを行っている日本をはじめとするアジア周辺の同盟国たちが強烈なジレンマに陥ることもケアしていないのだ。

第三が、逆説的ではあるが、逆に気になるのが軍事・安全保障面での日本の準備の遅れである。実務レベルでは日本でも岸田政権が「戦略三文書」を閣議決定で承認し、国家安全保障戦略では「グローバリゼーションと相互依存のみによって国際社会の平和と発展は保証されないことが、改めて明らかになった」と明言し、外交だけではなく軍事面での充実に舵《かじ》を切ったことが実に印象的であった。

ところが日本のリベラル派の意見はといえば、相変わらず国会で「外交の力で中国を抑える。台湾有事をやらない。そして万が一何か動きがあっても、米軍が動かないような交渉をやってほしいんです」という非現実的な意見が出されているのが現実だ（2022年5月30日、立憲民主党の有田芳生《よしふ》参議院議員［当時］の国会での発言）。

誤解のないようにいえば、外交的に議論を尽くすのは当然なのだが、現実として中国は日本をはるかに上回る軍事力を備えつつある。しかも攻撃的なスタイルの「戦狼《せんろう》外交」を行い、米国を凌駕《りょうが》するという野心をむき出しにして隠すことがないという現実を踏まえると、このような議論には説得力を感じない。

保守側にもある「きわどい事情」

もう一つの問題としては、これまで中国の軍事・安全保障面での脅威を真剣かつ冷静に指摘していた日本の「戦略的競争派」のような専門家の人々の声が、日本版の「冷戦闘士」を装った単なる中国嫌いや、過激な議論で注目を集めようとするだけの「ネトウヨ」的な言論にかき消されていたといううきわどい事情もある。

習近平政権の第三期発足やゼロコロナ政策の失敗などから台湾有事への危険が指摘される中で、日本の防衛準備の必要性を真剣に提唱する人々が、単なる過激な議論をしたいだけの右派(や左派)の方々から妨害されないようにしなければならない。

ここでは政治言論と国家防衛政策とのバランスの難しさをあらためて認識させられる。

拙訳『デンジャー・ゾーン』の序章に、実に印象的な言葉がある。それは、第二次大戦の後に発せられたマッカーサーの以下のような言葉だ。

「戦争における失敗の歴史は以下の言葉にほぼ集約される。それは〝遅すぎた〟というものだ」

これは先の大戦で、アメリカにとっての「脅威」となっていた日本などを念頭に発せられたものだ。だが、今回は皮肉なことに、それを日本自身が言わなければならなくなるような事態に追い込まれているような気がしてならない。

ではこのような対中戦略が入り乱れるアメリカに追従《ついじゅう》している日本はどうすべきなのか。政府のエリートたちは最悪のシナリオを考えておかなければならない。具体的には中国が本当にアメリカを超えて世界のトップに立った場合にどのような選択肢があるのかを、少なくとも議論し、共有しておくべきだ。

実に悲観的な話をするようで申し訳ないが、アメリカの共和党が率先して陰謀論を元に国内分裂に導いて国力を削《そ》ぐような方向に行っている今、日本としては最悪のシナリオを考えることが、国を引っ張っていく人々の最低限の義務である。

イスラエルのガザ侵攻、中東情勢の悪化で米中関係に変化

2023年10月7日、イスラエルに侵入したハマスのテロが世界を揺るがし、イスラエル軍によるガザへの陸上侵攻が開始された。

これは中東に住む人々にとっては大ニュースであるが、日本に住むわれわれにとってはいま一つなじみのない地域のため、なかなかその重要性が伝わりにくい。たしかに石油をこの地域から多く輸入しているが、実際に生活レベルでどれほどの影響があるのかは「台湾有事」のようなニュースと比較して、関心が薄いのは仕方のない部分もある。

だが今回の出来事において、日本人にとって一つだけ気になるニュースが出てきた。それはアメリカのブリンケン国務長官が中国の王毅《おうき》外交部長と会談したという話である。

ブリンケン米国務長官は26日、米首都ワシントンで中国の王毅共産党政治局員兼外相と会談した。中東地域の紛争拡大を防ぐため、中国に影響力を行使するよう働きかける。米軍拠点への攻撃に関わっているとみられるイランが念頭にある。11月中旬の米中首脳会談も調整する（日経新聞２０２３年10月27日https://www.nikkei.com/article/DGXZQOGN26DSM0W3A021C2000000/）。

一見すると、これは米中政府間の外交が復活したので良い話だ、となりそうだが、実際のところは一つの不気味な兆候を示している。それは、中東で起こった危機のおかげで東アジアの情勢が不安定になる可能性が出てきた、ということだ。

世界三大戦略地域

なぜそうなるのか。ここで必要になるのは大きな視点だ。アメリカの立場になって考えると、なぜブリンケン国務長官がわざわざ中国の外交トップをワシントンまで招いて「中国に影響力を行使して欲しい」とお願いする必要があるのかと訝《いぶか》しがる人もいるだろう。

だが、これはアメリカにとって意外な動きではない。アメリカは主に１９４０年代から世界各地に権益を持ち、実質的な「世界覇権国」の立場にあるがゆえに、自分たちにとっていくつかの重要な地域の間のバランスを考慮する必要があるのは当然だ。いわばアメリカは大企業であるために、地域密着型の企業とは違い、日本全国で、本社のある東京以外の都市にも支社をいくつか持っているようなものだ。

そのアメリカにとって、戦略的に重要な地域は主に３つある（１０７ページ地図参照）。

第一が西ヨーロッパであり、これは祖先や文化面でつながりを持っているという歴史的な事情が大きい。ＥＵの経済規模も大きいし、北大西洋条約機構（ＮＡＴＯ）に参加しているために、欧州の30カ国以上と同盟関係にあることも関与せざるを得ない理由の一つだ。

第二が中東である。ここは産油国も多く、最大の同盟相手でありアメリカの国内政治にも大きな影響を及ぼすイスラエルという国も存在し、かつ宗教的にも聖地が多いため、必然的にアメリカの関与も多くなる。1991年の湾岸戦争だけでなく、2001年以降は対テロ戦争という文脈から米軍がアフガニスタンやイラクに直接侵攻していることから、軍事的な関与を避けようにも避けられない部分がまだ残っている。今回の地中海への大規模な米海軍の艦船の派遣によってもそれが証明された形となっている。

そして第三が東アジアだ。この地域は世界で最も経済発展の目覚ましいところであると同時に、最大のライバルである中国がすでに米海軍を抜いて世界最大の海軍を保有しており、その経済規模や先端技術を背景としながら地域の現状変更を迫る野心を隠していない。日本や韓国に基地という形で足がかりを持つアメリカとしては、いわば世界覇権の最大の挑戦者である中国に直面している状況は深刻さを増すばかりである。

冷戦後の世界戦略の議論

この3つの地域(これに南北アメリカを含めた4つの地域とも言えるが)であるが、アメリカは冷戦後の1990年代を通じて、自国の国際的な戦略(大戦略)を仕切り直す中でそれぞれへの関与の度合いを議論している。その代表的なものがいわゆる**リアリスト**と呼ばれる研究者たちの間で行われたものであり(Barry R. Posen and Andrew L. Ross「Competing Visions for U.S. Grand Strategy」International Security Vol.21,No. 3,Winter,1996-1997 https://www.jstor.org/stable/2539272)、中には戦前の地政学(主にニコラス・スパイクマンのもの)の議論を応用したもののもあったほどだ(Robert J. Art「Geopolitics Updated: The Strategy of Selective Engagement」International Security Vol.23, No.3,Winter,1998-1999,https://www.jstor.org/stable/2539339)。

その際に出てきたのが、この三大地域に対してどれほどコミットするかという議論であり、「文明の衝突」で有名なサミュエル・ハンチントンや後に「ネオコン」と呼ばれる人々は、一様にして「**プライマシー**」(Primacy)と呼ばれるアメリカの一極状態を土台とした三大地域へのフルコミットメント(どの地域でもアメリカがナンバーワンの状態)を実現せよと提唱している。

ところがアメリカの力は有限であるという認識を持つ学者たちの中では、それらの地域に対して適切な配分でリソースを振り分けるべきだとする「**選択的関与**」(Selective Engagement)を提唱する学者もいた。代表的なのが、マサチューセッツ工科大学教授のバリー・ポーゼンという学者だ。そのどちらもアメリカが海外に力を投影し過ぎだとして、19世紀の大英帝国のように、ユーラシア大陸の各地域からコミットせずにいったん軍事力を引いておき、いざバランスが崩れた時に介入すれば良いとする「**オフショア・バランシング**」(Offshore Balancing)というやや引き気味で抑制的な戦略を提唱する者もいる。その代表的な論者はシカゴ大学のジョン・ミアシャイマーらだ。

さらに極端な意見としては、アメリカはコストを考慮して、海外からすべての軍事力を撤退させ、自国の周辺の太平洋と大西洋だけを守ることができれば良いとする「**孤立主義**(Isolationism)」という守勢的な戦略を提唱する人々もいる。代表的なのはノートルダム大学の准教授であるユージン・ゴルツなどだ。

このような大戦略についての議論は、現実にアメリカが欧州でNATOの拡大を支援していたことや、2001年9月に始まった「テロとの戦い」で中東において拡大政策を推し進め、東アジアでは中国をある程度封じ込められていたおかげで、結果的には「プライマシー」と「選択的関与」の間を行き来していたと論じることができるだろう。

ところが2010年代に入り中国が本格的に台頭する中で、アメリカはそれに対抗するために欧州と中東への関与を減らそうとした。そこで叫ばれていたのが、主にオバマ政権のクリントン国務長官らの周辺から発せられた「(アジアへの)**リバランス**」という政策だ。ここで見てとれるのは、まさに欧州、中東、東アジアという三大戦略地域でのリソースの配分という、グローバルな権益を持つアメリカは優先順位をどうすれば良いのか、という大戦略レベルの深刻な悩みだったのだ。

アメリカは「大きな取引」をするのか？

このような覇権国の大戦略レベルの悩みが、今回のブリンケンと王毅の会談にもあらわれていると考えることもできる。そのヒントは、上記のようなリアリストと呼ばれる学者や戦略家たちが論じてきた三大戦略地域のリソース配分に関するものだ。

その典型的なものが、ジョージ・ワシントン大学の名誉教授であるチャールズ・グレイザーによって2015年に書かれた論文だ。その名も「米中間の大きな取引?」(A U.S.-China Grand Bargain?)であり、そこで主張されていたのは「アメリカは中国との戦争をさけるために台湾を差し出せ」というものであった(https://www.jstor.org/stable/24480607)。

これは俗に「**グランド・バーゲン**」(Grand Bargain)と呼ばれる考え方だ。それは覇権国が大国間競争で優位を保つために行ってきた、他の大国との大きな取引のことであり、その実例としては1930年代のイギリスや1970年代のアメリカのように、眼の前の最大のライバルに対抗するために、他の地域でのライバルには(一時的にせよ)譲歩するものだ。

一見するとこの議論は荒唐無稽《こうとうむけい》というしかないが、これは直近の戦争の危険性を防ぐという意味で、覇権国側にとっては「安上がり」なのが魅力的なところがポイントだ。

たとえばグレイザーのようにアメリカの大戦略の議論において合理的なパワーの計算が必要であるという立場からすれば、中国との戦争という大惨事を避ける意味においては、中国が「核心的利益」としている台湾にアメリカが固執する必然性はなく、米中間の最大の懸念事項を解決できるので、アメリカは他の地域での問題に専念できるということになる。

実際、世界の現状を大きく見てみると、アメリカはすでに欧州で、ロシアのおかげでウクライナ支援で手一杯のところ、イスラエルの侵攻が中東最大の大国であるイランの参戦につながれば、必然的に軍事的にも関与せざるを得なくなり、ようやくアフガニスタンから抜けられたバイデン政権が中東に再び巻き込まれることになる。そうなると、台湾有事が懸念される東アジアにおいては、中国にある程度の譲歩や宥和《ゆうわ》政策をとる(例：台湾不干渉)ことによって大人しくしておいてもらう選択肢が魅力的になるのだ。

バイデン政権はもちろん、ここまでは考えていないだろうが、今回の中東での危機からのブリンケン―王毅会談への流れは、まさにこの「大きな取引」の可能性が、その延長線上に示唆されるものだ。アメリカは中国に中東問題で協力してもらうという「借り」を作っているからであり、その見返りとして中国はさらにアメリカに宥和政策や「大きな取引」を迫る可能性もある。

「大きな取引」の問題点

このような取引の問題点はいくつかある。第一に、同盟国の頭越しに大国同士で取引を行うため、同盟国たちの信頼を失うことだ。上述したグレイザーもその問題は認識しており、同盟国への「**安心供与**(Reassurance)」をしっかりしておくことの大切さを強調する。

第二の問題は、この取引は、一度始まったら止まらなくなる傾向があることだ。最悪なのは、ライバル国が中国のような権威主義国家であった場合、その国に安易に成功体験(例えば「粘り強く主張すればアメリカは折れる」など)誤った教訓を与えてしまい、それがさらなる現状変更の流れへとつながりかねない。

過去の歴史の例からも良いアイディアではない。イギリスは、ヒトラー率いるナチス・ドイツに対し、ミュンヘン会議(1936年)などの一連の宥和政策で短期的に戦争を回避したが、これがヒトラーにとって成功体験となり増長し、さらに東欧への侵攻につながったという意見がある。取引は、一度始まったら止まらなくなる傾向があるのだ。

また逆にいえば、このような取引は中国にとっても良い結果をもたらさない傾向がある。半端な成功体験を積み重ねた結果として、米中関係の条件がさらに悪化して問題が累積《るいせき》し、結果として日本がアメリカと体験したような太平洋戦争のような大戦争にもつながりかねないからだ。

結論から言えば、バイデン政権がこのまま中国との融和政策を進めて、例えばグレイザーの提案のように台湾(もしくは南シナ海や東シナ海の権益)を北京に譲《ゆず》り渡すような事態は、現時点ではまだ考えにくい。ところが米国内ではすでに冷静なコスト計算から、一定数の学者たちが「米中戦争を避けるためには台湾（もしくは南・東シナ海の権益）を売り渡すのも仕方がないとロジカルに論じる専門家たちがいる点には留意しておくべきだ。そのような議論が今後政権内で強さを増す可能性も否定しきれない。

日本にとってもこれは決して他人事ではない。というのも、１９７０年代に米中接近という「大きな取引」によって外交的なショックを受けたトラウマ的な歴史体験を持っているため、今回のようなブリンケン国務長官に代表される動きを警戒せざるを得ないからだ。

いずれにせよ、日本としては、アメリカには欧州と中東での紛争で東アジアには戦略資本が足りないことを理解し、米中接近の愚《ぐ》をアメリカに警告し続けながら自国の防衛を固めていくほかないだろう。

第八章　中国というリスクに対抗する

海洋進出が最優先に

「台湾有事は日本有事」

安倍元首相が2021年、メディアでこう発言したことを受けて以降、日本でも台湾有事に関する議論が年々、高まっている。

なぜ北京は台湾を「再統一」したいのか。なぜそれが日本にとって致命的な意味を持つのか。こうした点については、現在までさまざまな識者やコメンテーターたちが答えてきた。

そうした中には、中国と台湾の歴史的経緯――つまり戦前や、中国本土での国共合作から内戦を経て、蔣介石《しょうかいせき》が台湾に逃れたことなど――に触れるものも多い。「中国にとっての台湾」という固有の二者の関係だ。

もちろんそれらの関係性は重要だ。一方で、純粋に「地政学的」なシンプルな視点からみれば、違う視点が生まれてくる。なぜ中国にとって台湾、さらには大きくは海洋への進出が最優先事項となっているのかは、「中国と台湾」という固有の二者の関係から引き起こされるものとは言い切れない。

しかもそれゆえに、この動きは当分やむことがない。

それはなぜか。北京が中国本土を統一したことで強烈にさらされることになる、構造的なインセンティブ(報酬・動機付け)について注目すると、実は中国に特有なものではなく、過去の日本を含む歴史上のあらゆる「大国」が直面してきたものであることが分かる。

大国となった国は、実に様々なインセンティブにさらされる。中国も例外ではなく、特に中国のような大陸に存在する国の場合、最優先で取り組まなければならない課題は、隣国との国境の確定やその付近の安定である。歴史的にも、中国は長く北方や西方の陸上からの異民族の侵入に悩まされてきた。

ところが冷戦後期から、一部をのぞいて北京は周辺国との陸上の国境をすべて確定させてきており、これによって2000年代から本格的に海洋進出ができるような環境が整ってきた。すると当然ながら、すぐ近くには本土に組み込むことのできなかった台湾が目に入ってくることになる。

中国の歴史的な流れから見れば、陸上を安定させたあとに台湾へという見方は当然のように思えるだろう。

だが、それだけでは終わらないことを、歴史は示している。過去の大国の歴史を見てもそうだが、事実、地政学(より正確には古典地政学)の専門家や安全保障分野の識者たちの間でも、中国による台湾獲得は、その後の世界展開への踏み切り板(springboard)になるだろうと考えられているのだ。

これに成功した歴史的な例は、「西半球」とよばれる南北アメリカ大陸において覇権を確立した、アメリカ合衆国である。

アメリカの歴史をなぞる中国

アメリカの歴史をみてみると、19世紀前半の東部13州だけだった時代から西方への拡大を始め、同世紀の終盤に北アメリカのほぼ全域を獲得して「フロンティア」を消滅させると、そこからさらに西に拡大をしてハワイやフィリピンを獲得したことが知られている。

ところがあまり知られていないのは、西部への動きとともに、セオドア・ルーズベルト大統領(在任1901〜09年)の時代にメキシコ湾から南下し、カリブ海でのアメリカの覇権を確立していたということだ。

そしてこのカリブ海での覇権確立において注目すべきは、この海域にはイギリスやフランス、そしてスペインなどの欧州列強の支配下にある植民地が存在しており、アメリカはこの地域の欧州の影響を排除するように動いた点だ。アメリカにとってメキシコ湾やカリブ海というのは「内海」(inner seas)もしくは「縁海」(marginal seas)などと呼ばれる隣接した海域になる。キューバはそのような「内海」に浮かぶ島である。アメリカは「地域の大国の一つ」から「世界の大国」になるプロセスにおいて、この隣接した海域をまず最初に獲得する必要があったのだ。

これとまったく同じインセンティブが、中国周辺でも働く。アメリカにとってのカリブ海は中国にとっての南シナ海や東シナ海であり、アメリカにとってのキューバにあたるのが台湾なのだ。

ニコラス・スパイクマン（１８９３〜１９４３年）という人物がいる。オランダ出身の地理学者であり、戦中にイエール大学で教授となって「リムランド論」を唱え、戦後のアメリカが採用した「ソ連封じ込め」の政策のアイディアを提唱したことで有名だ。日本でも最近ようやく彼の主著が翻訳された（「米国を巡る地政学と戦略」芙蓉書房出版）。

彼は１９４１年に出版されたこの本の中で、上記のような地政学的なメカニズムを元に、以下のような大胆な「予言」をしている。

4億人の人口を抱え、近代化して活発化し、さらに軍事化した中国は、日本にとってだけでなく、アジアの地中海にいる西側諸国のポジションにも脅威になるだろう。そして将来いつかの時点で、中国のシーパワーとエアパワーが『アジアの地中海』をコントロールするかもしれない。

America's Strategy in World Politics:
The United States and the balance of power
米国を巡る
地政学と戦略
スパイクマンの勢力均衡論
ニコラス・J・スパイクマン 著
小野圭司 訳
地政学の始祖として有名な
スパイクマンの主著、
初めての日本語完訳版!
「地政学」が百家争鳴状態のいまこそ、
スパイクマン地政学の真髄を学ぶために必読の書
ニコラス・スパイクマンの主著

この「アジアの地中海」には、当然ながら台湾も含まれている。

ただしここで重要なのは、中国の思惑を「善悪」の基準で判断していないことだ。中国が台湾を求める動機は、「悪」だからではない。中国が「自国の周りの海を支配したい」と考えるのは、地政学的な観点からみれば過去の大国が繰り返しさらされてきた強烈なインセンティブゆえであり、今は中国がそのインセンティブにさらされているだけ、だからだ。

もちろん私はここで「中国の立場を理解せよ」と言いたいのではない。むしろ逆であり、そのようなインセンティブにさらされている大国の横に生きているからこそ、日本はその脅威を健全に理解しておかなければならないのだ。

ペロシ議長訪台での「盛大な脅し」

その中で、近年最も台湾有事の緊迫の度合いが増したのは、2022年8月のナンシー・ペロシ米下院議長（当時）の訪台だろう。中国が大規模な演習を展開し、台湾を包囲するかのような、まさに「台湾侵攻の演習」のごとき様相を見せつけた。これを受けて日本でも、「演習を騙《かた》って、本当に進攻を始めるのではないか」との憶測《おくそく》も聞かれた。ロシアが軍事演習の延長でウクライナに侵攻した直後の時期だったことも、こうした言説の信憑性《しんぴょうせい》をいくばくか高めただろう。

ところが戦略家として知られるエドワード・ルトワックは、持論として「台湾有事の危機は起こらない」と一貫してX（旧ツイッター）などで指摘し、話題になっていた。

なぜルトワックはそこまで断言できたのか？　彼なりの論拠はいくつかあるようだが、そのうちの一つの前提は「中国は国外への経済依存度が高すぎて、戦争できない」というものだ。中国は以前の台湾海峡危機、とりわけ毛沢東時代のそれとは違って海外経済（とりわけ飼料などの農産物）、西側への依存度が上がっており、西側との戦争開始は中国の即死を意味する、だから戦争ができないし、北京はそれを知っているので、確かに大騒ぎはするが、それでも実際にはほとんど何もできないというのだ。

実際のところ、ルトワックの見通しは概《おおむ》ね正しく、CIAや専門家筋が恐れていた人民解放軍の台湾や西側への軍事的な嫌がらせのエスカレーションは最小限（といっても日本の排他的経済水域には弾道ミサイルが5発も着弾したが）に収まっており、米議員の訪問や海軍による台湾海峡への航行の自由作戦は続けられている。

つまりペロシ訪台後、中国はそれほど事態をエスカレートさせておらず、戦争を起こす気もなさそうであり、盛大な脅しだけが虚《むな》しく残ったということだ。人民解放軍の実行力も未知数だ。

だが果たしてルトワックが言うように、中国は本当に戦争ができない国なのだろうか？

さらに人民解放軍は、「盛大な脅し」で自らを大きく見せているだけで実力が伴わない、いわば「張子《はりこ》の虎《とら》」なのだろうか？

戦略家に必要なこととは

もちろんＣＩＡが「中国は戦争できる」という前提から「今後は対応を激化させる」という誤った分析を正確に政府へ伝えてしまったのは、やはり「失敗」といえよう。情報機関は思い込みではなく、なるべく客観的に真実と思われる情報を政府首脳らに伝える義務があるからだ。

では戦略を担当する人間や国防関係者たちは、どう対応すればいいのであろうか。

その一つの答えが、日本の河野克俊《かわのかつとし》前統合幕僚長や、アメリカのインド太平洋軍のデービッドソン前司令官などの「中国は台湾侵攻をする」という数々の発言だ。

とりわけデービッドソン前司令官は、退任前の２０２１年3月に、アメリカの上院軍事委員会の公聴会で「中国は6年以内に台湾を侵攻する」と発言して注目を集めた。この件は日本でもニュースになったので覚えている方も多いと思う。この発言を受けて「2027年、台湾有事が現実に」との認識が強まった方もいたかもしれない。

これなどは、アメリカに批判的な態度をとる人々や軍事を忌避《きひ》する人からは「戦争の危機を煽《あお》っている」と批判されがちであり、そう言われても仕方のない部分があると言える。だがデービッドソン氏のような発言は、彼らに課せられた任務としては極めて正しい態度であると言える。

なぜなら国防関係者、とりわけ軍のトップにいる人間は、国防的にはおしなべて「保守的」に考えなければならない存在であり、それが彼らの務めだからだ。

つまりたとえ人民解放軍が「張子の虎」であっても、中国側の発言や装備などのデータを、それこそ「額面通り」に受け取って備える、というのが戦略家と呼ばれる人間たちにとっての「正しい姿勢」だからだ。

備えがなくて負けるは恥、備えて勝つのは……

当然、ルトワックも「中国は戦争できない」としつつも、アメリカや日本に対し「常に備えが必要だ」と付け加えることを忘れない。

具体的にいえば、今回のようなペロシ訪台に関する北京からの脅しは本気であるとして、その脅しを額面通り受け取って、それに対して備える態度をとるのが戦略家としては正しいということになる。

ここで、いざ紛争が起こったと仮定してみよう。そしてアメリカや日本が「張り子の虎」である中国の人民解放軍に対して「圧勝」してしまったとしよう。

それで誰が困るのかといえば、少なくとも台湾、日本、アメリカ側は、その誰もが困ることはない。少なくとも「こちら側」の誰にも迷惑はかからないのだ。備えがなくて負けるのは恥だが、備えをもって圧勝することは実に喜ばしいことなのだ。

だがここで疑問が生じる。これは「正しい情報」(中国は戦争できない)と「相手のプロパガンダを信じて備える」ことは矛盾しないのだろうか？

要するにこれは、相手のウソを信じてしまった、もしくは余計に軍備に血税を注ぎ込んで国民に迷惑をかけたことにはならないのか、ということだ。

だがその答えを端的にいえば、「中国は戦争できない」と認識することと、それでも戦争を仕掛けてくるものと仮定して備えることは、国防的な態度としては全く矛盾《むじゅん》するものではない、ということだ。

「抑止」という観点からも、こちらが「相手は戦争を起こす」と考え本気で対抗して備えれば、北京が作戦の実行(最悪の場合は台湾への軍事侵攻など)を思いとどまる確率は上がる。

戦争研究の泰斗《たいと》、故マイケル・ハワードは、「相手を抑止しようするのであれば本気で戦える状態になければならない」と説いている。

もちろん政治的・予算的な制限はあるのだが、国防を考える人間のとるべき態度というのは、やはり相手の能力を見くびらずに備える、ということに尽きるのではないだろうか。

ピークアウトした大国が最も危ない

ジョンズ・ホプキンズ大学の戦略論を専門とする若手教授ハル・ブランズ(Hal Brands)

と、タフツ大学准教授で中国政治の専門家であるマイケル・ベックリー(Michael Beckley)の二人は、今日のアメリカにおける対中戦略を戦略的競争派としてリードしている。

そのハル・ブランズとマイケル・ベックリーは、「中国の台頭はすでに終わった」とし、しかも、「中国の国力はピークアウトしたが、焦った北京は対外的に冒険的になるからむしろ気をつけろ」という論を展開している。

二人の共著で、私が翻訳を担当した『デンジャー・ゾーン』(飛鳥新社)は、タイトルが映画『トップガン』のテーマ曲そのままなのは気になるところだが、そこで展開されている議論は一見すると意外ながらも実に明快で、5つのポイントにまとめられる。

ハル・ブランズ
(ジョンズホプキンス大学教授)

・中国は数々の幸運によって劇的な経済成長と軍事費の拡大によりアメリカの覇権に挑戦しつつある。
・だが中国経済はいよいよ鈍化しつつあり、国力もピークを過ぎた。
・しかもその劇的な台頭に脅威を感じた周囲の国々に戦略的に包囲網をつくられつつある。

・これに焦《あせ》った中国は、他の歴史上の大国たちと同じように対外的に危険な存在となる。
・このような危険な時代(デンジャー・ゾーン)は2030年まで続く。

このような議論から出てくる政策案は、中国に対抗するために冷戦時代のソ連に対するような古典的な「**封じ込め**」(containment)を行えというものだ(ブランズと彼の父親は冷戦史を得意とする学者だ)。

実に明快なアメリカの対中戦略を提唱している2人の著者だが、彼らの議論で最も特徴が強く出ているのは「中国がピークアウトした」という認識と、「焦るので危険になる」という点である。

マイケル・ベックリー
（タフツ大学准教授）

この本の概要を一言でいえば、それは今後数十年間続くアメリカの対中戦略の指針を示した、決定的な「戦略文書」である。

本書の帯にもあるように、日本の独特な関心から、日本では本書の序章に出てくる「台湾有事」のシナリオだけがフォーカスされがちである。ところが本書における台湾有事に関する議論は刺し身の「ツマ」程度のものでしかなく、やや誤解を生みがちだ。

第一の柱：明瞭なモデルを描く

では本書の、本当に読み取るべき「第一の柱」は何か。

それは、中国が何を狙っており、しかもどのような行動をする可能性が高いのかを、一つの明確な「モデル」として描くことだ。

具体的には、中国は世界覇権を狙うほどの野心を持っているのだが、実は国力がピークを迎えており、それが落ち始めたと実感するために冒険主義に出る、というものだ。

これまでの学者やジャーナリストたちの間では、中国はいずれアメリカを追い抜くことになる、というものや、その優位が過去の大国同士の間で行われたような「覇権」の交代時に起こる戦争を誘発することになる、という意見が多かった。

そのようなロジックを提唱したものとして代表的なものは、ハーバード大学教授を長年つとめるグレアム・アリソンによる『米中戦争前夜(Destined for War)』(ダイヤモンド

デンジャー・ゾーンとは

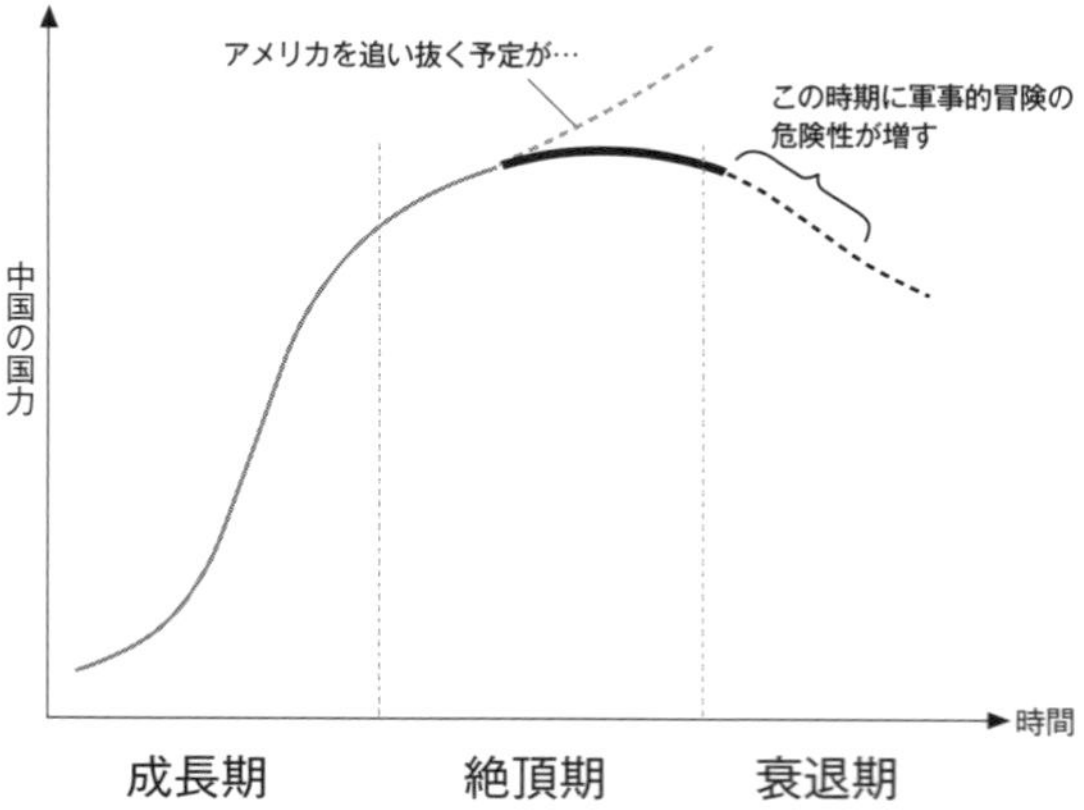

出典：『デンジャー・ゾーン』を基に筆者作成

社)という2015年の本の中で強調された**「トゥキディデスの罠《わな》(Thucydides's Trap)」**という概念だった。

トゥキディデスの罠、とは、新興勢力が台頭し、既存勢力の不安が増大すると、しばしば戦争が起こる、ということを意味する言葉である。古代ギリシャの歴史家トゥキディデスが、ペロポネソス戦争を不可避なものにしたのは新興国アテネに対するスパルタの恐怖心であった、と記《しる》したことに由来するものだ。

ところが『デンジャー・ゾーン』では、そのような「罠」は実態を反映しておらず、よく調べてみると成長のピークに直面した大国が「まだチャンスがある」と実力を過信して、焦って冒険主義的に軍事拡大を行ってしまう例が大半だと指摘する。

その実例として、原著者であるブランズとベックリーたちは1930年代の大日本帝国の例や、第一次世界大戦までのドイツ帝国の例、そして現在のロシアの例を挙げつつ、そのようなピークを迎えた大国の、落ち始めの焦った期間が危険になるとしているのだ。

そしてこの「焦った危険な期間」こそが、本書のタイトルである「デンジャー・ゾーン」ということになる。どこかの地理的な場所を示しているのではなく、時間軸のフェーズを表しており、これが2030年代のはじめ頃まで続くとしている。

つまりこの「戦略本」の前半では、中国の現状分析とそれがもたらすリスクについて、一つの明快なモデルを示すのだ。

第二の柱：米中競争は「短距離走」

「第二の柱」は、そのような中国との戦略的な競争のやり方について、アメリカは過去の具体例から学べる、としていることだ。その実例とは、第二次大戦後の冷戦初期にソ連と対峙した、トルーマン政権（1945～53年）の行動である。

とりわけ原著者の一人であるハル・ブランズは冷戦期の歴史を得意とする学者であり、この時期のトルーマン政権が、戦後の混乱期にソ連に対抗するためにマーシャルプランによる欧州への大規模経済投資や日本の国際社会への復帰の支援、そして朝鮮戦争への対応などによって「ソ連封じ込め」に迅速かつ大胆に動いたことを評価しており、この短い期間の動きが、後に長期化する冷戦における西側の優位を決定づけたとしている。

そしてこの例にならって、現在中国に対峙しはじめたアメリカは「マラソン」のような長距離走ではなく「短距離走」で優位を築いておけ、という。そしてそのためにはここ5年から10年が勝負だ、というのだ。そしてこの短距離走を戦うための戦略を「デンジャー・ゾーン戦略」と名付け、そのための原則を明快に提示している。

ここでの「マラソン」(marathon)というのは、アメリカのシンクタンク、ハドソン研究所で長年中国を研究していて、過去に共和党政権にアドバイスをしていたマイケル・ピルズベリーが2017年に『China 2049(The Hundred-Year Marathon)』(日経BP)の中で主張した概念だ。アメリカと中国との戦いは「百年マラソンになる」ということだが、これはワシントン界隈でもすでに広く知られている。

ところがブランズとベックリーは、「マラソン」ではなく「短距離走」(sprint)を戦えと提案しているのだ。

「強み」が「弱み」に変わるとき

彼らは本書第二章の前半で、中国が国力を増すことができた「奇跡的な幸運」の理由として、以下の5点を挙げている。

・60年代にソ連との関係が悪化し、アメリカに接近できた(地政学的環境が良好)
・改革開放路線に転換することによって、海外からの投資資金を大量に呼び込めた
・共産党が「スマートな独裁」で経済成長を促した
・人口増加のボーナスがあった
・天然資源やエネルギーに恵まれていた

この5点はとりわけ鋭い指摘というわけではないのだが、本書が興味深いのは、それと対比する形でこのような「幸運」が「問題」に変わってきたとする点だ。

さらに同章の後半では、上の5点の「幸運」に対比させる形で、以下のような指摘をしている(ただし紹介の順番は私が入れ替えた)。

・周囲に反発する国が増えて、地政学的環境が悪化した
・制度の不透明・腐敗が目立ってきた
・経済成長が鈍化しつつある
・人口ボーナスが一人っ子政策によって破綻し、人口減少が始まった
・国力増加で国民の生活水準も上がったために、天然資源やエネルギーが不足してきた

つまりこの2人の著者が言いたいのは、これまでの中国が国力を上げる際の強みとなっていた1から5の「幸運」が、ことごとく裏目に出て「不運」になってきた、つまり強みが弱みに変わってきたということだ。

二大戦略家が指摘していた問題

　この「強みが弱みに変わる」という問題は、世間一般ではあまり注目されることはない。だが、古来より戦略家と呼ばれる人々は、このような問題に注目して真剣に取り組んできた。戦略論の古典といえば、なんといっても古代中国の孫武が書いたとされる「孫子の兵法」と、プロイセン王国の軍人であるカール・フォン・クラウゼヴィッツが記した『戦争論』が有名である。

　この二大戦略家たちは、戦争という文脈で「強みが弱みに変化する」という現実をくり返し指摘している。

　まず古代中国の軍師であった孫子は「兵法」の「勢篇」などで「正奇《せい・き》」のような2つの対立する概念を使いながら解説しているように、戦闘の形態はとめどなく変化するものであることを認識している。

　『戦争論』のクラウゼヴィッツは、自身も参加した1812年のナポレオンのロシア戦役をおそらく参考にして、兵站《へいたん》が伸び切ってしまうとどこかの時点で攻撃する側の戦力が落ちる、ということを指摘している。この「時点」のことを「**攻撃の限界点**」と名付けたわけだが、これも戦いの中で強みが弱みに変わる現象を捉えたものだ。

この「攻撃の限界点」を知っていると、最近のウクライナ軍の北東部における急速な侵攻についても見え方が変わってくる。何人かの軍事専門家が指摘しているように、あまりにウクライナへの侵攻が進んでしまうと、逆に伸び切った兵站線を叩かれることにもなりかねない。一時的な成功という強みも、弱みに変わってしまうことを心配しているのだ。

画一的なシステムの功罪

国家戦略（または大戦略）のレベルでは、イギリス出身のポール・ケネディというイエール大学の歴史学者が、80年代後半に世界的大ベストセラーとなった『大国の興亡』（草思社）の中で「**帝国的な過剰拡大**」（Imperial Overstreach）という概念を有名にした。本書で「アメリカが海外に兵力を海外に広げたまでは良かったが、広げすぎたことにより守る義務が負担になりつつある」という「強みが弱み」になったことを指摘して話題になった。

日本の教育の話にも似たような傾向が見える。日本は戦後の高度成長期に画一的な学校教育をほどこすことによって、工業化した製造業を中心とする産業形態に適した、真面目で行儀の良い人材を大量に排出する教育システムを確立できたのかもしれない。

ところが現在の情報化社会においては、行儀の悪さやぶっ飛んだ発想から生まれる創造性が求められる。こうした時代には、画一的な人材しか育成できないシステムは逆に「弱み」にもなる可能性が指摘されている。つまりここでも「強み」が「弱み」に変化する可能性がみられる。

日本は「変化」や「限界点」を認識できているか

ではこのような問題を克服するにはどう対処すればいいのか。実に平凡な結論だが、国家を含めたあらゆるリーダーたちは、次の3点に留意し、対処するという作業を繰り返すしかない。

・常に変化する現実をまず認識する
・強みが弱みに変わる限界点を見極める

・戦略を変更する

これは俗に「OODAループを回す」という意味で解釈されている(Observe観察、Orient状況判断、Decide意思決定、Act実行をくり返して先の見えない状況下でも迅速に意思決定し行動する手法)。もちろんこれは戦術レベルで使われる概念ではあるが、国家戦略においても同様であることは言うまでもない。

すでに手遅れかもしれないが、当の中国は、人口ボーナスが強みから弱みに変わった人口問題を解消するために、「離婚」のハードルを高くする措置をとっている。

たとえば2018年には中国の裁判所に持ち込まれた事案のうち、わずか38％しか離婚が認められておらず、その割合は過去最低となったという。2021年には離婚にクーリングオフ、つまり冷却期間を設けたほどだ。

もちろんこれによって本当に人口が劇的に増えるのかは相当疑問であるし、人権状況が日本と比べて厳しい中国の施策は全く参考にならない。だが、少なくとも彼らは問題を認識して行動に移してはいる。日本はどうするのだろうか。

ワシントンに広がる新たな対中認識

先に私はバイデン政権を仕切る「戦略的競争派」を紹介し、この派閥の中に、『デンジャー・ゾーン』の原著者のブランズとベックリーらも属していると説明したが、彼らがさらに発言権を持ってきたその動きの一端は、アメリカの連邦議会でも見られるようになった。

２０２２年11月の下院の改選で多数派に返り咲いた共和党だが、彼らは翌年1月に議会に戻ると、さっそく「中国特別委員会」（正式名称は「アメリカと中国共産党の戦略的競合に関する米国下院特別委員会」）を創設している。そしてその委員長には、マイク・ギャラガーという38歳のウィスコンシン州選出の共和党の下院議員が就任している。

マイク・ギャラガー米下院議員
下院中国特別委員会委員長

彼は冷戦史で博士号を取得した後に、海兵隊の士官としてイラクでの戦闘にも参加しており、政治家としてはすでに4期目を務めている若手の注目株だ。そしてこの彼が、メディアの前で何度も「中国との『マラソン』競争に勝つためには、今すぐ『短距離走』に勝たなければならない」という発言をしている。

注目すべきは、この下院議員のギャラガーが中国との競争を言い表すのに「マラソン(marathon)」ではなく、ブランズやベックリーのように「短距離走(sprint)」という表現を使っていることだ。

ギャラガーのこの委員会の就任について書いたワシントン・ポスト紙の保守派の名物コラムニストであるジョージ・ウィルによれば、これはまさに『デンジャー・ゾーン』の世界観に一致しているのだという(「Mike Gallagher chairs a Vital House committee. Its only focus: China[マイク・ギャラガーが下院の重要委員会の委員長に就任。唯一の焦点は中国]」https://www.washingtonpost.com/opinions/2023/01/25/mike-gallagher-congress-chinese-threat/)。

実際のところ、私が著者のベックリーにインタビューをした際、彼らは「頻繁にワシントンの連邦議会に呼ばれて議員に説明を行っており、米国防総省(ペンタゴン)でも2人でブリーフィングしてきたばかりだ」と言っていた。

端的にいえば、『デンジャー・ゾーン』で示されている対中戦略は、ワシントン周辺でかなり共有されているといえる。

このような性格の本書であるが、日本への示唆はどのようなものだろうか？

実際に著者らにインタビューをしてみると、日本が行っている対中戦略への評価は高いことがわかった。だがその方向性は良いとして、やはり有事などへの備えに対する日米両国の全体的なペースが遅いことには満足していない様子であった。

また、本書を読んでみればわかるように、この戦略がさらに追求されることになると、日本の経済的な立場が苦しくなることも容易に予想できる。

とりわけ日本にとっては後半の第七章で提案されるデジタル面での対中戦略がさらに進展すると、たとえば半導体などの先端技術や戦略物資、知的財産などをめぐる争い（デカップリング）に巻き込まれる形で、経済安保面での運営が厳しくなるはずだ。

本書の本質は、現在のアメリカにおいて実際に政府の戦略文書を執筆するような立場にある若手の学者や戦略家の考えが、実に明確に提示されている点だ。

そしてアメリカの今後数十年を含む対中方針、少なくともバックにある考え方やロジックを教えてくれるという意味で、実に示唆に富む戦略文書だということだ。

「中国のポテンシャルを見誤るな」

一方で、この2人の論文に異を唱えたのが、ブランズがシニアフェローとして籍を置いている「アメリカン・エンタープライズ公共政策研究所」(AEI)のオリアナ・スカイラー・マストロとデレク・シザーズという専門家たちだ。ブランズらの議論に対する批判が、中国を警戒しながらも別の認識を持つ同僚たちによってなされているのは興味深い。

この2人はメジャーな外交誌であるフォーリン・アフェアーズ誌で「中国はまだパワーのピークに達していない」(「China Hasn't Reached the Peak of Its Power」https://www.foreignaffairs.com/china/china-hasnt-reached-peak-its-power)というブランズらの意見と真っ向から対立するタイトルの意見を発表している。

その中身を要約すると、以下の5点になる。

・中国の国力はピークを迎えていない。迎えていたとしても国力は急に落ちない。
・軍事予算はあと10年は拡大傾向であり、まだ余裕がある。

・したがって北京は「焦らない」し、現在の中国の文献にはそのような焦りは見当たらない。
・2030年にはさらに自信を得た中国になっている可能性が高い。
・そうなると中国はまだアメリカと直接対決はせず、時間をかせぐ方向に行く。

要するに「中国のポテンシャルを見誤るべきではない」「むしろアメリカ側もさらなる軍拡が必要になる」とする、中国に対する警戒感をさらに高めた分析となっている。

このように対立するアメリカの専門家たちによる対中分析や戦略論について、私は以下の3つの教訓めいたことが導き出せると考えている。これらは、日本政府だけでなく、見通しが不透明な中でも、先を見越した戦略を考えなければならないあらゆる組織のリーダーにも当てはまるかもしれない。

第一に、未来は不確実であるということだ。論点となる中国のピークアウトだが、これは数年後になって振り返ってみないと判明しないのであり、現時点では「ピークアウトした可能性」と「ピークアウトしていない可能性」の両方が併存している。

とりわけ中国のように情報が不透明な国家の行動の予測は難しい。未来予測は基本的に当たらないものだが、とりわけ変化する要素が大きい中国のような大国の場合はそれがさらに難しくなるということだ。

将来予測に必要な「世界観」

それと矛盾するようだが、第二は未来を予測した戦略を考える際には、一定の「セオリー」や世界観のようなものが必要になるということだ。

たとえばブランズとベックリーはピークアウトした中国は、過去に台頭した国々と同じように焦るようになり、結果として冒険的な戦略を選択しやすいと説いている。

それに対してマストロとシザーズは「現在の文書や高官たちの発言には焦りは見えない」と実に鋭い指摘を行っていることはすでに述べた通りだ。

ところがここで問題なのは、今後の中国の指導層の人々の考えや意図には、劇的に変化する可能性が残っているということだ。つまり現時点では焦っていなくても、時間が経てば指導層が急激に焦りだす可能性もあるということだ。

実際にアメリカは、つい最近まで「中国を応援して世界経済に組み込み、民主化させることができる」と無邪気に信じていたが、その際によく引用されたのが「現在の北京の指導者たちはアメリカを追い越そうなどとは考えていないし、そのような発言もしていない」というものだった。

しかもオバマ大統領は「成功して台頭しつつある中国を、世界におけるリーダーシップの重荷をアメリカと建設的に共有できるよう応援すべきだ」と２０１６年の４月まで主張していたほどだ（「オバマ・ドクトリン」https://www.theatlantic.com/magazine/archive/2016/04/the-obama-doctrine/471525/）。

現在の中国の指導層の表に出てきている考えに焦りが見えないとしても、過去の大国たち（第一次世界大戦前のドイツ帝国、第二次世界大戦時のナチス・ドイツや大日本帝国）たちがそのような態度に変わってきたというセオリー（というかアナロジー）を持つことは、誤った情勢判断に結びつく可能性がある一方で、戦略を考える際には貴重な考え方の枠組みを提供してくれる。

端的にいえば、現在の政策担当者たちの考えとは無関係に、将来の指導者たちの意図は大きく変わり得る。現実に中国はアメリカが「全方位で封じ込めて圧力をかけ」「生きるか死ぬかのゼロサムゲーム」をしかけていると批判し、中国の発展と生存を阻害していると見ており(2023年3月の秦剛《しんごう》外交部長の発言)、太平洋戦争へ突き進んだ時の日本と似たような認識と言っていい。

柔軟な姿勢とセオリーの必要性

第三に、戦略の実行には、移り変わる状況に柔軟に対応できる能力が最も必要になるということだ。

戦略の実行には、「孫子の兵法」の例を持ち出すまでもなく、現実に対して水のように柔軟な対応をすることが求められる。

これについて興味深い指摘がある。ローレンス・フリードマンは発表したばかりの新刊での議論をベースに、プーチン大統領がなぜ国家のリーダーとしてウクライナの作戦で「失敗」し続けているのかを論じている。

そこでフリードマンが指摘したのが「プーチン率いるロシアのような独裁的な体制には、現場から情報を正しく上げて判断して実行できる、いわゆるフィードバックシステムが機能しにくい」ことだ(「Autocracies tend to make catastrophic decisions. That's the case with Putin［独裁政治は壊滅的な決定を下す傾向がある：プーチンの場合］https://www.theguardian.com/world/2022/aug/21/lawrence-freedman-autocracies-tend-to-make-catastrophic-decisions-thats-the-case-with-putin)。

つまり独裁体制のような硬直した体制では、現実の状況を的確に理解して、それに対して戦略的な行動を修正し続けなければならない。一定のセオリーを持つのも大事だが固執してはならず、常に現実に合わせた修正を行っていかなければならないということだ。

現在のところ、中国がピークアウトしたかどうかはわからない。

それでもわれわれには一定のセオリーを使って予測を立て、それを適時修正しながら実践にあたる態度が求められるのだ。

第九章　危機に乗じる中国「次の一手」

見落としてはいけない「紛争勃発の可能性」

予測をする際にわれわれが見落としがちなのが、韓国（＋アメリカ）と中国の地政学的な紛争の勃発《ぼっぱつ》の可能性だ。われわれは台湾や尖閣にばかり目を奪われているが、それ自体、中国の誘導、情報工作のたまものかもしれないのである。

そこで紹介したい興味深い記事がある。ブルームバーグの韓国系のコラムニストであるイ・ジョンホが、２０２１年5月4日に発表した意見記事である（「China's New Flash Point

With U.S. Allies Is a Hotspot for Spying［中国と米同盟国との新たな火種は、スパイのホットスポット］」https://www.bloomberg.com/news/articles/2021-05-04/china-s-new-flash-point-with-u-s-allies-like-south-korea-a-hotspot-for-spying）。

この記事を要約すると、次のような内容となる。

・韓国が実効支配している白翎島《はくれいとう》は、従来は北朝鮮監視のための拠点であった。
・ところがこの黄海にある島のそばで、近年は中国の漁船が大量に来るようになり、2020年の12月には人民解放軍の軍艦が通過して、韓国の軍事関係者を驚かせた。
・北京は2013年にこの海域で「海洋作戦地域」（AO）の境界線を設定し、それから黄海での活動を活発化させている。
・2016年にはこの海域で操業していた中国の漁船が警戒活動をしていた韓国の沿岸警備隊の巡視船に突っ込んで沈没させる事案も発生している。
・近年の中国は南シナ海だけでなく黄海の支配権を確立しようと動いている。
・白翎島の5千人もの住民たちは、中国の動きを恐れて文在寅《ムンジェイン》大統領（当時）にさらなる行動を求めている。

白翎島の戦略的位置

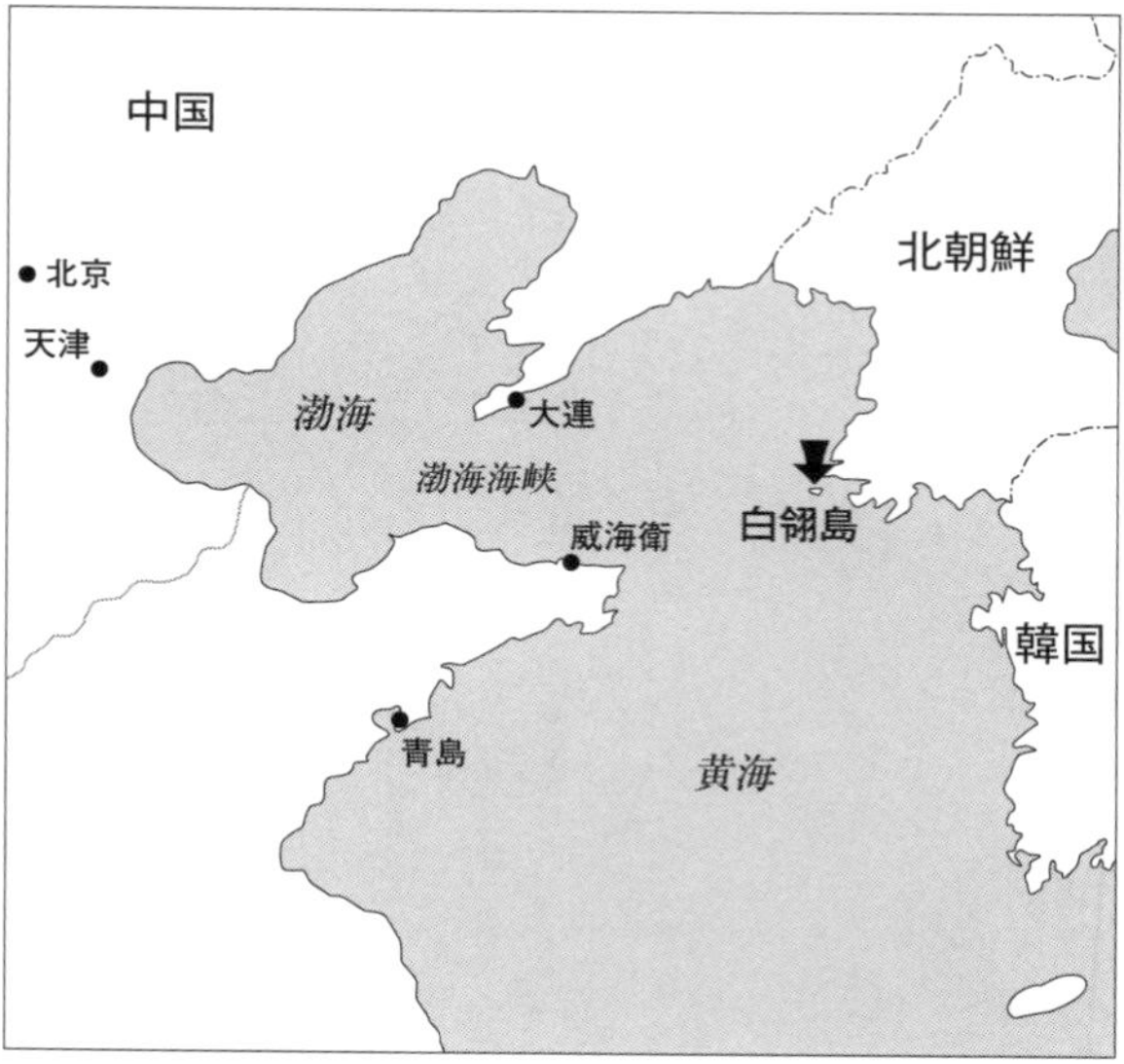

要するに、北京が黄海を完全に「内海化」しようと動いており、その近くを実効支配している韓国が警戒感を高めているという図式だ。

中国にとっては「目障りな島」

この地政学的に重大な状況について、3つのことを指摘しておきたい。

第一が、この記事で焦点となっている「白翎島」の地理的な位置とその戦略的な意味合いだ。実はここは、北京にとっての海の出口にある、戦略的に極めて重要な場所だ。

といってもその戦略的な重要性についてなかなか実感がわかないのと思うので、一つのたとえを使ってみたい。それは、北京と東京の地理的な状況と比較することだ。

スケールは違うのだが、日本の首都の東京と東京湾と浦賀水道の関係を、中国の首都である北京と黄海(渤海《ぼっかい》＋西朝鮮湾)と渤海海峡の関係にたとえることができる。

そう考えると、日清戦争の激戦地となった威海衛《いかいえい》はさしずめ羽田や川崎にあたり、旅順などがある遼東半島は、千葉の富津岬にあたる。

すると、中国の首都である北京から見た「韓国」の位置は、日本の首都である東京から

北京にとっての白翎島は東京にとっての浮島

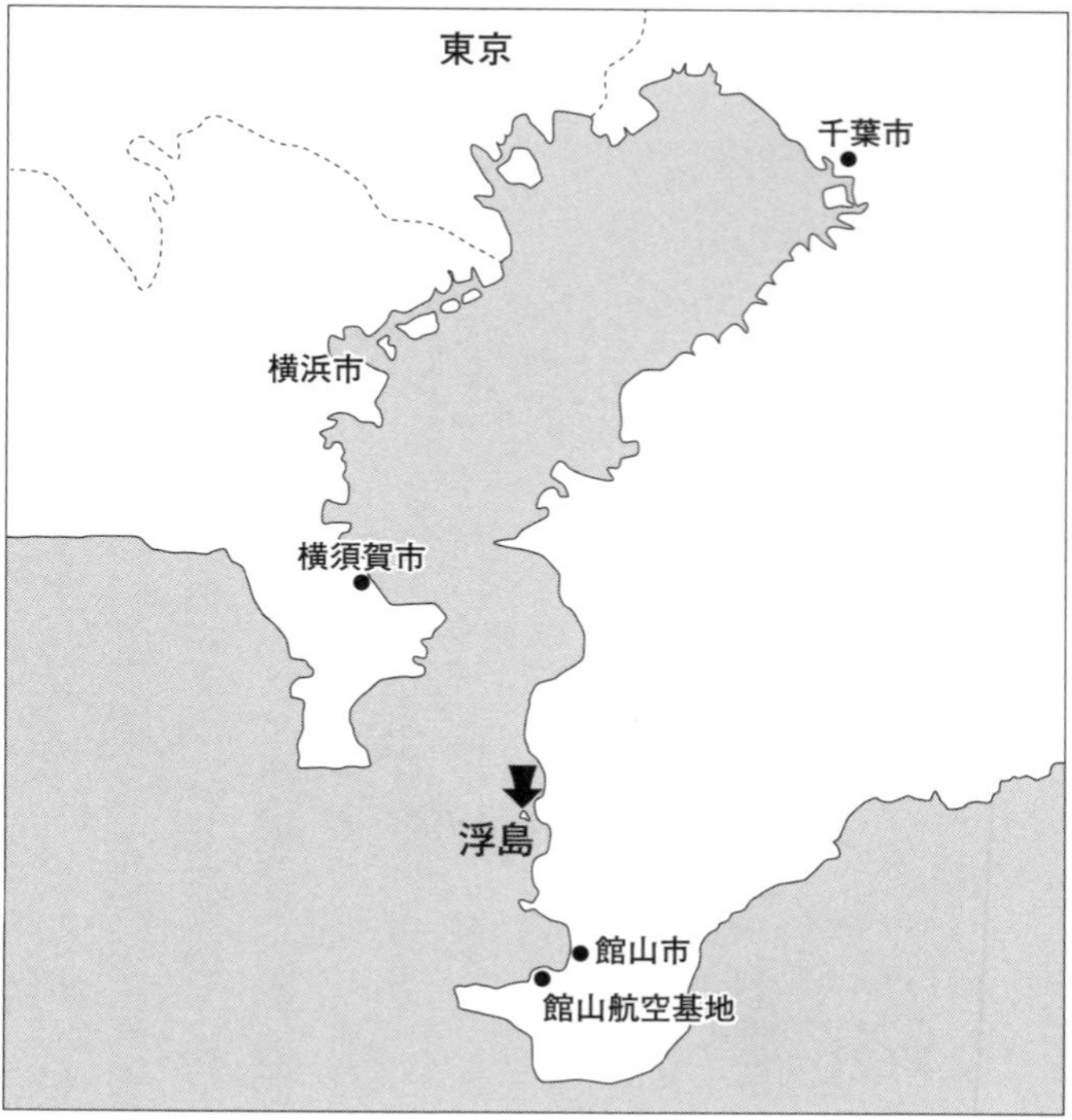

見て、千葉県（朝鮮半島）の南端にある「南房総市」にそのままあてはまるといえる。

そして記事で話題になっている「白翎島」の位置は、日本にあてはめてみれば南房総市のすぐ北側の東京寄りの海に浮かぶ、鋸南町《きょなんまち》の「浮島」にたとえられるのだ。

「南房総市が敵国の同盟国であり、しかもその国境の先端が浮島にある」と仮定して考えると、北京にとって、その島の存在がいかに戦略的な位置であるかが、われわれ日本人でも実感できるだろう。

ちなみにこの白翎島基地の湾と海峡と首都の位置関係において、日本にあてはめていえば海上自衛隊の館山航空基地がその位置づけに近い。もちろんこの基地は日本海軍によって首都防衛のためにつくられたものだが、その戦略的な位置関係は北京にとっての（敵側が抑えている）白翎島のそれに近いのである。

第二は、大国にとっての「内海」の重要性だ。

中国のような大国は、原則として周辺にある地域や海域に、他の大国が関与してくるのを異様なまでに嫌う。歴史的にも、そこに他の大国が関与してきたら強制的な排除に動いてきた事例は、アメリカのカリブ海の例を見るまでもなく実に豊富にある。

月刊誌『ウェッジ』２０２１年６月号で「押し寄せる中国の脅威　危機は海からやってく

る」とする特集を組んでいるが、中国にとっては「（日本を含む）外国の列強の軍隊は渤海海峡を通って北京にやってきた」という記憶がある。

そのため、中国が黄海を完全に支配下においておきたい、という強烈なインセンティブを持っていることは想像に難《かた》くない。それはいわば日本にとっての東京湾の支配であり、支配のうえで邪魔になるのが、南房総市が支配している浮島だ――というように中国は白翎島をとらえている可能性がある。

もちろん南房総市やそれ以外の千葉（＝韓国）を完全に支配するのは無理だとしても、せめて南房総市とその支配下にある浮島を無力化しようとする東京（＝北京）の動きは、戦略地理的な位置関係としては「理解」できるものだ。

白翎島の紛争が衝突に発展する危険性

第三が、紛争の発火点としての可能性だ。

ハーバード大学のグレアム・アリソン教授は日本でも話題になった『米中戦争前夜』（ダイヤモンド社）という本の中で、歴史的に見ると既存の大国と新興する大国が衝突し、大戦争になる確率が高まることを「トゥキディデスの罠《わな》」と表現し、現在の米中の対立もこれにあてはまるとして警告を発した。

もちろんアリソンは「米中衝突が必ず起こる」と言っているわけではないのだが、彼が歴史から導き出した一つの示唆として興味深いのが、「大国同士の激突は、思いがけない場所での小競り合いから始まる」としているところだ。

米中の衝突のきっかけとしては、日本では台湾危機や尖閣事案、さらには南シナ海案件が注目されやすい。

だがわれわれは、この韓国vs.中国の焦点となる「白翎島」の存在も、次の危機の発生する可能性の高い場所として注目していくべきであろう。

もしアリソンのこの分析が正しいとすれば、白翎島のような注目されない場所からも火の手が上がるかもしれないからだ。

それでも残る危機の構造

2023年に入ってから、中国から発信されるニュースは厳しいものばかりだ。少子化の速度は日本より速く、人口数はインドに抜かれ、コロナ後の経済の回復は遅く、恒大集団の苦境などから不動産バブルの崩壊が引き起こされている。

しかも経済だけでなく、政治面でも難題が発生しつつある。春先から秦剛《しんごう》外交部長(外務大臣)が失踪してから辞任しただけなく、軍の幹部もロケット軍の司令官と政治委員が交代させられたどころか、李尚福《りしょうふく》国防大臣までが解任されている。

中国にとって、このような国内問題自体、懸念すべきものであることは確実だが、それ以上に周辺国である日本が気をつけなければならないことがある。それは中国が国内問題から国民の目をそらすために、あえて外に脅威があることを喧伝し、国内をまとめつつ外に強硬に出て、最悪の場合には戦争さえ起こすという懸念があることだ。

このように、外の敵と戦って国内をまとめるために行われる戦争については、国際関係論や安全保障研究という学問分野において「**陽動戦争理論**」という名前で研究が積み重ねられてきた。

そこでやや学問チックになってしまうことを承知の上で、今回はこの理論をまず説明し、それを中国に当てはめた魅力的な論文を紹介しつつ、そこから今後の中国の動きについて考えてみたい。

まず簡潔に、陽動戦争理論(Diversionary Theory of War)を説明したい。

このアイディアそのものは古く、すでにシェークスピアやマキャベリの記述に「リーダーは国内問題を抱えると、国民の政府への不満をそらすため、対外的に強硬手段に出がちであり、外敵を作って国内をまとめて人気を保とうとする」という議論が見受けられる。

実例もある。よく取りあげられるのは、日露戦争前のロシア帝国の動き(ただし先に戦争をしかけたのは日本)であったり、クリミア戦争におけるフランス側の動き、そしてフォークランド紛争におけるアルゼンチン側の行動だ。いずれも国内の結束を固めるために戦争を仕掛けようとしたパターンとして見て取れる。

ところがそれが国際関係論という学問の中で一つの理論や概念としてまとまってきたのは1950年代に入ってからのことだった。1970年代には「アメリカにおいて、一時的にせよ戦争で政権の支持率が上がることは明白だ」という議論もあったが、これはオハイオ州立大学のジョン・ミューラー教授によって「旗下《きか》結集効果」(The rally-round-the-flag effect; 短くrally effect)などと呼ばれたりしている。

外国を標的にするスケープゴーティング

わかりやすい例としてフィクションをあげてみよう。1998年公開の映画「ウワサの真相」をご存知の方はいらっしゃるだろうか?

ダスティン・ホフマンとロバート・デ・ニーロが主演したこの映画では、アメリカの大統領が自身のスキャンダル(国内問題)を覆い隠すために、架空の戦争を外国で起こすというブラックコメディーだが、これはまさに「陽動戦争理論」の仕組みを表していると言える。

ちなみにこの映画は、クリントン大統領がホワイトハウスのスタッフを務めていたモニカ・ルインスキーと性的な関係にあったとしてスキャンダルに巻き込まれていた時期にNATOを率いてコソボ紛争に介入していたことで、内容が似ていると話題になった。

この理論は端的にいえば「国内問題を国外問題で吹っ飛ばす」というものだ。外国を標的にすることから、「**スケープゴーティング**(scapegoating)」と呼ばれることもある。

ところが厳密な学問的な検証では、この理論は「当てはまる場合もあるし、当てはまらない場合もある」という研究結果が出つづけており、必ずしも国内問題が対外的にアグレッシブな行動を引き起こすとは言い切れないと言われている。

いまの問題を抱えた習近平体制を考えれば、このような戦争を起こしてもおかしくないと考えられるし、実際にそのような議論をする専門家も多い(Erin Baggot Carter「Diversionary aggression in Chinese foreign policy(中国外交における陽動作戦)」https://www.brookings.edu/articles/diversionary-aggression-in-chinese-foreign-policy/)。

では実際のところ、中国は陽動戦争を起こす兆候があるのだろうか?

中国は「強硬」より「妥協」を選んできた!?

それを踏まえた上で今回ご紹介したいのは、テイラー・フレイヴェルというマサチューセッツ工科大学の中国の安全保障を専門とする学者が、フォーリン・アフェアーズという世界中の外交官や国際政治の専門家たちが読む雑誌(の電子版)に9月15日に掲載した論文だ(https://www.foreignaffairs.com/china/myth-chinese-diversionary-war)。

フレイヴェルは博士号論文を後にまとめた書籍『中国の領土紛争』(勁草書房)で、中華人民共和国が建国から絡んできた23件の領土の紛争を調べ上げ、そのうちの17件というほとんどの例で「妥協《だきょう》」が図《はか》られてきたという、やや意外な結論を導き出している。

そのような知見を踏まえて書かれた今回の論文は「中国の陽動戦争という作り話」(The Myth of Chinese Diversionary War)というものであり、識者の間でよく議論される「習近平率いる中国の指導層は、山積する国内問題から国民の目をそらすために対外戦争を起こす」とする考えに異議を唱えている。

その主張のために、フレイヴェルは北京が過去に直面した陽動戦争が起こってもおかしくなかった状況(つまり、国内が一時的に不安定になった)のケースを、1969年の中ソ紛争、89年の天安門事件、2015年の株価下落の場合と特定し、結果として「北京は陽動戦争をほとんどしてこなかった」と結論づけている。

テイラー・フレイヴェル(MIT教授)

これは現代を生きるわれわれにも大きな意味を持つ。なぜならフレイヴェルは、中国経済の失速が明らかな今、危険なのは陽動戦争ではなく、むしろ中国の指導者たちが外部からの挑戦に敏感《びんかん》になり、強さを誇示して、他国が自分たちの不安につけ込んでくるのを抑止するために暴れる可能性がある、と結論づけてい

中国外交における陽動作戦

陽動戦争理論	テイラー・フレイヴェル
中国が不況に陥る	中国が不況に陥る
国内が不安定 国民からの反発が心配	（主観的に）外国に対して 弱さを感じる
国内を結束させるために 外国と戦争する → スケープゴート	外に対して 強硬に出て抑止を狙う → 外敵を威嚇

出典：フレイヴェル『中国の領土紛争』を基に筆者作成

るからだ。

　つまり北京は外敵をつくって結束するために危機をエスカレートさせようとしてくるのではなく、あくまでも自分たちの弱さを見せたくないので威《い》嚇《かく》をしてくる可能性が高い、ということだ。

　フレイヴェルのこのような議論は実に参考になるものだが、やはりこれを素直に受け取って「中国は国内問題を理由に陽動戦争をしてこないはずだ」と言い切れるほど現実は甘くないのかもしれない。それでも以下ではフレイヴェルの議論が正しかったと仮定した上で、3つの気になる点を指摘しておきたい。

尖閣国有化で見せたエスカレーション

第一に、北京の戦争開始やエスカレーションを進めようとする決断のかなりの部分が、中国側の「主観」によって決定されるということだ。これはつまり、彼らが「どう感じたか」がカギとなるということだが、フレイヴェルは上の論文の中で日中間の争点である尖閣事案を例に挙げて説明している。

たとえば２０１２年9月に日本が尖閣諸島を国有化した際に北京が強く反発したケースだ。北京にとってそれは「中国に投下された原子爆弾」と表現するほどショックであり、これを期に領海内での海上パトロールが開始されただけでなく、多くの都市で反日デモが行われ、政府高官による交流も凍結された。

だが、この時期に中国は10年に一度の重要な権力移行の直前であり、北京から見て「日本の行動はこの不安定な時期を利用したもの」と受け取られたために強硬な対応がとられたというのだ。

つまりこれは「北京の主観」によって過激な対外行動が決定されたということだが、そうなると結論として出てくるのは(実に平凡かもしれないが)日本政府は自国の動きを考える際に、中国側がそれをどのように受け取るのかを知るためのインテリジェンス機能が決定的に重要になるということだ。

だが、仮に機能を持ちえたとしても国家の意図(習近平の心変わりなど)を完全に知ることは難しいので、リスクは残ったままだ。

危機レベルは決して「低くはない」

第二に、台湾が相変わらず次の危機の焦点になる可能性が高い、ということだ。上述したフレイヴェルの研究書でも、中国は主に漢民族が支配的な地域では、たとえ力の強い外国であっても躊躇《ちゅうちょ》なく戦争や危機を起こしてきている事実を(中ソ国境紛争や中印戦争、中越戦争など)指摘しているが、台湾がまさにここに当てはまる事実は変わらない。

さらに心配なのは、今の中国が危機(フレイヴェル式に言えば威嚇)を求めているように見えることだ。これは一部の中国専門家も解説しているように、最近の北京の戦略家たちは「北京とワシントンが腰を落ち着けて共存の条件について本格的に交渉する前に、

1962年のキューバ・ミサイル危機のような行き詰まりを迎える必要があると確信している」とも指摘している。

2023年には南シナ海や台湾海峡周辺における米中軍の何件かのニアミス案件や、米中の政府高官同士の対話が一時的に途絶えていたことを考えれば、この「危機を起こして勢力圏を確定する」ことを北京側が狙っていると考えていたとしても不思議ではない。

第三に、フレイヴェル論文の主張が正しく、中国は経済が落ち込んでも外国をスケープゴートとして危機や戦争を起こさなかったとしても、それはその相手となるアメリカや日本、フィリピンや韓国の状況にも左右される、という見逃されがちな事実だ。

危機や紛争のような戦略的な状況というのは、基本的には二者関係によってつくられる相互作用である。たとえ中国が陽動戦争を起こさなくても、たとえばアメリカが選挙の争点として中国との危機を利用しないとも限らない。陽動戦争の研究では独裁国よりも民主国の方で行われやすいという傾向があると指摘する研究者もいることを考えれば(christopher Gelp「Democratic Diversions: Governmental Structure and the Externalization of Domestic Conflict[民主主義の転換：政府構造と国内紛争の外部化]」https://www.jstor.org/stable/174373)、米中間の危機そのものは「低い」とは言い切れないだろう。

結論として、中国はフレイヴェルの言うように国内問題から国民の目をそらすために危機をエスカレートする可能性は確かに少ないのかもしれないが、それでも危機が起こりうるような状況は構造的にまったく解消していない。

２０２４年11月にアメリカの大統領選挙を控える中で、日本に求められるのは、北京を大きく刺激することなく着々と情報収集につとめ、抑止力となる防衛力の整備を進めることであろう。

第十章　迫る台湾有事への備え

シミュレーションの重要性

台湾有事危機の高まりを受けて、国内外で多く実施されているのが**ウォーゲーム**である。日本ではこれまであまりなじみがなかったが、いわゆる机上演習やシミュレーションと呼ばれるもので、政府関係者や軍人など配役を決めて、実際のアクシデントに対しどのような対処を行うか、相手はどう出るかなどを図るものだ。

まず紹介するのは、アメリカの首都ワシントンＤＣにある大手シンクタンク戦略国際問題研究所(CSIS)が開催した、台湾有事を想定したウォーゲームだ。

足掛け2年にわたって24回行われたシミュレーションの結果は、2023年1月9日に報告書が発表された(「The First Battle of the Next War: Wargaming a Chinese Invasion of Taiwan[次の戦争の最初の戦い:中国の台湾侵攻のウォーゲーム]」https://www.csis.org/analysis/first-battle-next-war-wargaming-chinese-invasion-taiwan)。

「ウォーゲーム」(Wargame)とは、一般的に「2人以上のプレイヤーが、敵対する軍隊を指揮しつつ武力衝突をリアルに再現した戦略ゲーム」と定義されることが多い(Martin van Creveld, *Wargames: From Gladiators to Gigabytes*, pp.4-5.)。基本的に、相対する陣営が互いに直接、害を与え合うような構成になっている。

その内容は、ほぼすべてのシナリオで中国の人民解放軍による台湾島への上陸作戦は失敗するが、米軍と台湾、そして日本の自衛隊は大損害を被《こうむ》る結果になったという。

とりわけ話題になったのはその大きな被害想定だ。シナリオにもよるが、平均すると米軍の空母が2隻、艦船が10隻前後撃沈されるほか、自衛隊の航空機も100機以上、艦船も10隻以上が沈められるなど、かなり甚大《じんだい》な被害になると想定され注目を集めた。

つまり全体的な結果として、中国の台湾侵攻は失敗する可能性が高いが、アメリカ及び

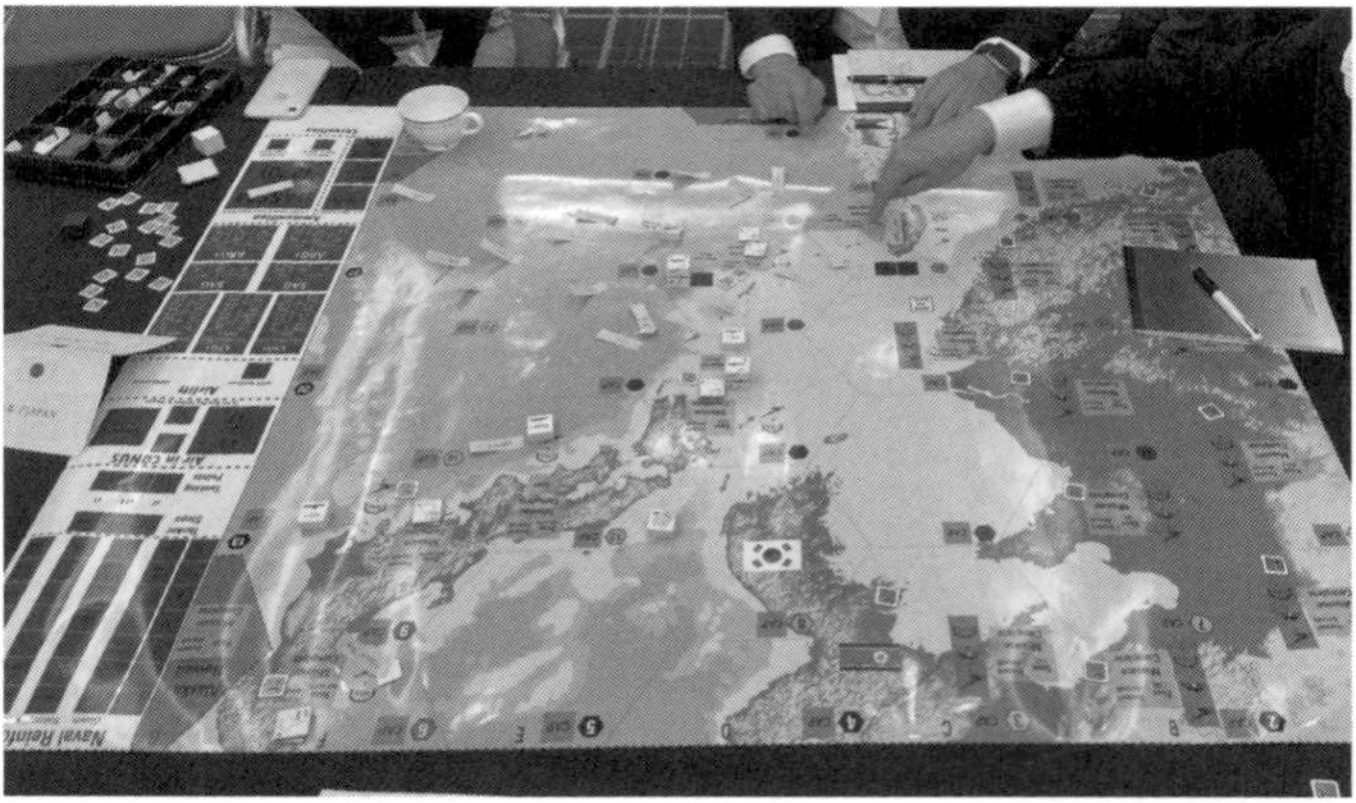

筆者が体験したＣＳＩＳと同じ方式でのウォーゲームの様子

日本を含むアメリカの同盟国たちにとっては「高い犠牲の出る勝利」となるというのだ。実にセンセーショナルである。

この想定をネガティブに受け取り、たとえば「アメリカが武器を売りつけたいがために行ったものだ」というような、一方的な批判も出ている。

果たして実際のところはどのようなものなのか。筆者は運の良いことに、そのほぼ同じ中身のシミュレーションを日本で実際に「体験」する機会に恵まれた。ここでその内容を簡単にご紹介しつつ、このようなゲームの有益性について論じてみたい。

私が参加したそのウォーゲームは、日本のあるシンクタンクが主催し、都内のホテルで

4日間にわたって行われた本格的なものであった。

そのウォーゲームには、いわゆる「チャタムハウス・ルール」が適用される。つまり「参加したメンバーが誰なのかを特定されない限り、内容や発言は自由に発信してもよい」というルールのため、これを書いている私以外の参加者らの身分は明かせない。

そのうえで、実際の参加者たちは中国の専門家から米海軍・自衛隊のOBまで、台湾有事を考える上ではこれ以上望めないほどの人物たちが集まったことだけは記しておきたい。

最も驚きだったのは、このゲームの運営チームである。もちろん前述したように彼らの身の上は明かせないが、なんとアメリカの国際戦略問題研究所（CSIS）で24回のゲームを直接行ってきたアメリカ人の担当者たちであった。基本的なシナリオの設定も、その報告書に書かれているものとほぼ同じであり、私はCSISのゲームをある意味で「追体験」できたと言える。

被害想定が大きくなった理由

具体的な内容だが、シナリオの想定はすでに批判されているように、悪く言えば「矛盾だらけ」、控えめに言っても「やや雑」であったことは否めない。

端的に列挙すれば、次のような点である。

・「台湾空軍全滅」、「中国人民解放軍の上陸艦隊が迫る」ところからゲーム開始
・米軍が中国艦隊を対艦ミサイルで攻撃し、米中戦争が開始しているという設定
・実際の戦域の細かい設定を加味しないおおざっぱな設定
・北朝鮮、ロシアの動きや自衛隊の戦力が過小評価されている

つまり、全般的にゲームの初期設定やシナリオ設定が雑であり、実際の軍備の状況とはかけ離れている点が多く見られたのである。要するにツッコミどころが目立つのだ。

結果として、そこに至るまでの「戦略レベル」のゲームではなく、その際の戦闘がどのように進むのかを見ていく「作戦」もしくは「戦闘」レベルのゲームであると言った方が正しい。だからこそ、あれほど如実《にょじつ》に損害が出ることが想定されるのだ。

だがこのような多くの批判点がある「雑」なウォーゲームでさえも、政府の防衛関係者たちだけでなく、広く政府関係者や民間のリーダーたちも積極的に参加して行う意義がある、

とあらためて実感した。

なぜなのか。

第一に、戦略を実行する人間があらゆる戦争や紛争の核心にある「**逆説的論理**」(パラドキシカル・ロジック)というものを、実体験として気軽に学べるからだ。

すでに本書では、アメリカの戦略家であるエドワード・ルトワックのあらゆる紛争のメカニズムがパラドキシカル・ロジックで構成されていると何度か説明している。これは敵対する勢力が互いに相手を潰《つぶ》そうとするために、一方のアクションがもう一方のリアクションを起こし、通常の人間生活とは真逆のパラドックスが起こることを教えるものだ。

言葉だけではこのロジックを理解するのは難しいが、一度ウォーゲームをプレイしたことがある人々は、実際の戦争や紛争で命を危険にさらすことなく、そのダイナミズムをすぐに理解できる。

というのも、通常このようなゲームでは敵対する相手の動きが直接自分の不利につながることが多い。そのためにこちらもそれに対抗する動きをしなければならず、この情報のインプットとそれに対する自らの決断(および未決断)がすぐさま自分に返ってくるという、まさにパラドキシカルな動き(例:相手を攻撃したら逆に強くなる、回り道が最短の道になる等)として体感できるからだ。

また、似たような問題として、ある戦域《ヘックス》(hex)にいるイージス艦で構成される艦隊を、隣のヘックスで失った戦力を補うため(戦力のマイナスを元に戻すため)に投入するのか、それとも攻勢をかけるために(プラスの戦果を増やすため)別のヘックスに動かすかという、戦略家が直面する強烈なジレンマを実体験できる点も優れている。

設定から敵・味方の事情を把握

第二に、このようなゲームの設定から、敵・味方・双方の事情を多く知ることができる。

たとえば前述したように、実際にCSIS式のゲームを体験してみると、そのシナリオ設定の「雑」さ加減(24回行われた以前のものも含む)が理解できるし、日本側をあまり戦力としてカウントしていなかった点、さらには台湾有事においては潜水艦を潜ませておく海底の地形が致命的に重要であることも実感できる。

つまりアメリカ側が用意した想定を知ることで、もちろんゲーム上のこととはいえ、日本が具体的にどのように捉えられていて、しかも日本側にはどのような課題があるのか、そのすべてではないとしても、かなりの部分はプレイした者であれば誰でも理解できてしまう。

また、今回訪日した運営チームのメンバーと雑談していたときに興味深い話を聞いた。アメリカ人が北京担当としてプレイしていた場合と比べると、中国系のアメリカ人や、今回の「日本の中国専門家」が北京担当としてプレイしていたときの方が、中国軍の動きが実に慎重で保守的であったという話だ。

それを踏まえて、この運営チームのメンバーは「実際の中国は、これだけの軍事衝突に発展してもあまり過激なことはしない(できない)かもしれない」と言っていたのが印象的であった。

さらに個人的に最も収穫だと思ったのは、これに参加する上で安倍政権が2015年に成立させた「平和安保法制」の役割が大きいことがわかった点だ。具体的には海上自衛隊の艦船が米艦の防護を行う任務が正式に可能となったことで、日本の紛争発生時とそれ以前のグレーゾーンの対処における行動の自由を担保したことが、実際のゲームの中で成果として実感できた。

「台湾占領は不可能」というメッセージを発信

第三に、プレイした結果を公表することで、これが戦略的なメッセージの発信にもなるという点だ。

実際に、今回のニュースのおかげで、CSISは世界(とりわけ北京)に向けて「台湾を占領することはほぼ不可能である」とのメッセージを発することができたわけだし、実際の被害を見せることによって中国だけなく関係諸国に対する警告となり、日米側の北京に対する抑止力を高める効果にもつながることが期待できる。

もちろんこれがアメリカの武器産業によるプロパガンダだとする意見もあり、そう言いたくなる面があることは理解できるのだが、それでもそのような見解は陰謀論と捉えられても仕方がない一面的な見方であろう。

結局のところ、このようなウォーゲームの最大の効果は、世界各国の安全保障を教える大学などで実践されていることからもわかるように、参加者への「教育」にあるのだ。

結論として、日本の防衛関係者たちだけでなく、政財界のリーダーたち、さらには一般国民の興味を持った人々は、機会があればこのようなゲームに積極的に参加すべきであると思う。

しかも、プレイしやすさで言えば、市販のボードゲーム（台湾有事であれば「レッド・ドラゴン・ライジング」など）の方が都合がいい。

もちろんシナリオ設定次第という面もあるのだが、少なくとも安全保障に関する教育的な意味では実に有益なものである。毛嫌いをしてプレイしないよりは、プレイしたうえで何かしらを学ぶ方がはるかに建設的ではないだろうか。

近代戦を戦えない日本の現状

実際、日本で行われた別のウォーゲームでは、「絶望的」な欠陥が判明した事例もあった。

近年、本格的な安全保障や戦略論に関する議論が多く掲載されるようになった『正論』（産経新聞社発行）の2021年10月号に、特集記事として「台湾海峡危機・政策シミュレーション」という実に興味深い論文記事が掲載された。

そこでは、「日本戦略研究フォーラム」という民間シンクタンクが、元政府高官や防衛省や外務省の幹部クラスのOBたち総勢15名ほどを集め、2021年8月半ばに2日間にわたって行った、**政策シミュレーション**の様子を紹介している。

政策シミュレーションとは、複数の参加者がそれぞれ本物の政府高官を演じて行うシミュレーションゲーム（机上演習）だ。いくつかの仮定の（ただしなるべく現実に近い）シナリオを用意して、緊急事態にどのように対処するのかを、実際の政策担当者役を決めて「プレイ」し、そこから教訓を得ようとするもので、ウォーゲームとほとんど同義の物である。

今回は、1995年から台湾での初の民主選挙開催を巡って米中間で発生した、いわゆる「第三次台湾海峡危機」に似たような事態が起こったと仮定して、ゲームを行っている。

記事では、それぞれの具体的なプレイの中身についてはほとんど説明されていない。ただし、その記事に掲載されている「ゲームの最中に交わされたプレイヤー同士の白熱した議論」のハイライトの部分が掲載されており、これはこれだけで読み応えのある、実に「刺激的」なものだ。

なぜ「刺激的」なのか。その内容が「絶望的」なものだからだ。

たとえば実際にシミュレーションに参加した各パートの担当者たちの言動から、日本政府が完全に機能不全に陥ったり、中国国内に多数の日本人が救出できない状態で取り残される可能性などが示唆されており、どう見ても日本が近代戦を戦えない状態にあることを、嫌というほど実感させられるのである。

興味のある方はぜひ当記事を実際にお読みいただきたいのだが、私が論じたいのは、さらに根本的な問題である。

それは何か。

上記のような政策シミュレーションで使われるほとんどのシナリオにおける危機や戦争が、いずれも「短期で終わるもの」と想定されがちなことであり、今回のシミュレーションも例外ではないことにある。

考えてみればそれは当然のことであり、政策シミュレーションというのは、数日間のスパンにおける政治面での決断を迫るものだ。そもそも忙しいプレイヤーたち(例：元高官たち)を集めてプレイをするというスケジュール的な都合もあり、「長期のシナリオ」を設定してシミュレーションを行うことには不向きなのだ。

ところが歴史を見ていくと、危機、とりわけ戦争が、短期間に一気に決着がつくような事態は、かなり例外的であることがよくわかる。

戦争は長期化する

そのことを教えてくれるのが、アメリカのボストン大学の軍事史家カハル・ノーラン教授が２０１７年に出版した『戦闘の魅力』(The Allure of Battle)という本だ。この分野では高い評価を得ているが、残念ながらその分量の多さ(原文で７００頁超)からか、邦訳はまだ出ていない。

この本の全般的な分析結果は、戦争を始める国というのは、どの国も英雄的に指導者が指揮する短期決戦や「決戦」と言われる大会戦で勝つことを理想としながら、現実には長期戦に直面して苦しんできた、というものだ。

もちろん危機であれば、１９６２年10月の「キューバ危機」のように、たった「13デイズ」(２０００年公開の映画タイトル)で終わったものもある。

戦争においても短期的な決戦で終わったように思えるものがあり、たとえば１８７０年９月１日に起こった普仏戦争の「セダンの戦い」などは、プロイセン軍がたった１日の戦いで10万近くのフランス軍を降伏させ、ナポレオン三世率いる第二フランス帝政を崩壊させるきっかけとなった。

上記のノーラン教授も、この「セダンの戦い」は一見すると例外的な「短期決戦」であるように見える、とする。

ところがその実態を詳しく見てみると、短期決戦とは言い難い実情がある。

このあとにパリに入城したプロイセン軍は翌年の3月に普仏戦争の講和に反対したパリ市民が蜂起して成立させた「パリ＝コミューン」という世界最初の労働者政権の存在などで、「決戦」から8ヶ月後の翌年の5月まで、降伏後に誕生したフランス新政府に対する反乱が続いていたことから、実質的な戦争状態は継続しており、実際は「決戦によって短期に決した戦い」とは言いきれないことがわかる。

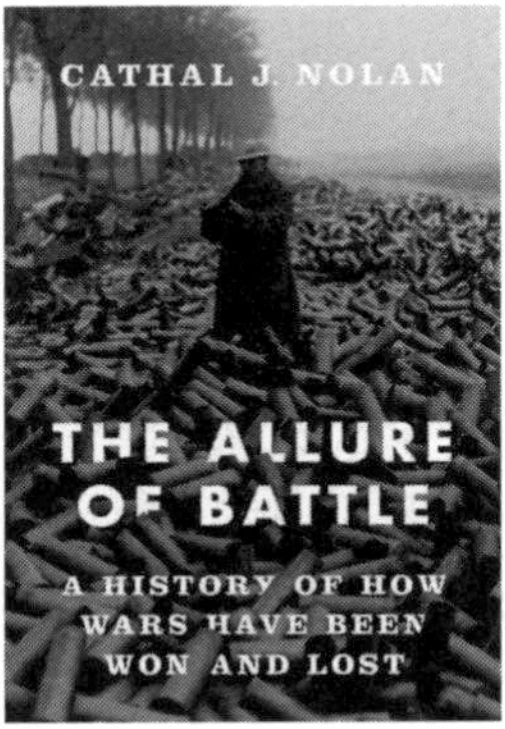

カハル・ノーラン著『戦闘の魅力』

つまり戦争では、短期的な戦争や、決戦での勝利というのはほとんど存在せず、そのほとんどが短期決戦を狙いながら、実際にはズルズルと長期戦になってしまったものばかりなのだ。

当初、4日でウクライナの首都・キーウを占領できると考えていたロシアのプーチン大統領が、2年近くたってもまだウクライナとの戦争を続けていることからも、短期決戦の難しさが分かろうというものだろう。

露呈した日本の弱点

日本戦略フォーラム主催の政策シミュレーションの題材として使われた「第三次台湾海峡危機」も同様だ。実際は開始から収束まで8ヶ月ほどかかった「長期戦」であった（1995年7月から翌96年3月まで）。

アメリカのアフガニスタン介入もこの典型的な例だろう。当時のドナルド・ラムズフェルド国防長官は、同時多発テロ事件の直後の10月に侵攻を開始したが、翌年の2月までにはタリバンを崩壊させて撤退するつもりであった。ところがこれが20年間というアメリカ最長の戦争となったのはみなさんもご存知の通りである。

つまり、日本が今回のような「短期的な危機」を想定したシミュレーションを活発に行うようになったことは実に喜ばしいことだとしても、その根本的な欠陥として、それが長期戦になることまでは想定できていないことが露呈してもいる。

もしくは想定していても、長期戦を戦う能力やリソースを持っていない可能性が高い。

もちろん準備が出来ていない原因は、戦後の日本の政治家や政策担当者、そしてわれわれ国民たちが、台湾有事のような可能性に、法整備の面でも防衛力の面でも、本気で備えてこなかったことにある。

不可能であることは承知の上で提言するが、日本政府に求められるのは、万が一に長期戦になっても対応できるように、少しずつでも国内の体制を整えておくべきことではないだろうか。

短期戦を想定しながらも、実際には長期戦に直面して苦しむことになった例の方が圧倒的に多い、というノーラン教授の警句に、日本は耳を傾けるべきだろう。

2022年のウォーゲーム

さらに2022年8月初頭のペロシ訪台と前後して、再び「日本戦略研究フォーラム」の主催による机上演習が行われた。

この時も自衛隊元幹部のOBや現役の国会議員らが参加。2027年に台湾有事が発生したという想定で、邦人輸送などの面でいくつかの教訓が得られたと報じられた(「台湾有事、その時政府は…元防衛相らがシミュレーション」朝日新聞2022年8月7日 https://www.asahi.com/articles/ASQ876CVJQ87UTFK00Y.html)。

それと同時期に海外メディアで話題になったのは、やはりアメリカの大手シンクタンクである戦略国際問題研究所(CSIS)が8月上旬に行ったウォーゲームの結果の内容だった。

この時、CSISが行ったウォーゲームは「2026年に中国が台湾侵攻をして戦闘が発生した」という想定で米中間の軍事衝突をリアルに再現し、いわば訓練や教育目的で、元軍人や専門家らを交え、7時間ほどかけて戦況をシミュレートしたものであった。

シナリオの設定などは毎回変えるようだが、基本的に「核兵器は使われない」という想定で何回か実践した結果、「双方が大きな代償を払いつつも、アメリカと台湾は中国の台湾侵攻を防御できる」となったようだ。

今回アメリカのCSISで行われたものは、味方役の「ブルー・チーム」と敵役の「レッド・チーム」にわかれて、中国の人民解放軍が台湾への軍事侵攻と上陸作戦を行い、それを米軍と台湾軍が阻止するという想定の、かなり軍事的性格の強い「戦略ゲーム」だ。

やり方は意外に古典的で、台湾島などを模したボード上に実際に存在する部隊や兵器をコマとして配置し、双方がそれぞれのターンで動かしていくものだ(ＰＣゲームの『大戦略』に近い)。

ランダム性を確保するために、サイコロも普通に使われる点では一般的なボードゲームとほとんど変わりはないのだが、これを国防関係者や専門家、さらにはメディアの人々などを巻き込んで行っていく。

当事者意識を持てる　ウォーゲーム３つの利点とは

筆者はウォーゲームの教育的な効果として、以下の3つが大きな利点であると考える。

第一に、現実に則した演習を行うことによって、現実の安全保障環境に潜む教訓をあぶり出すことができる点だ。

たとえばＣＳＩＳの場合は、アメリカと台湾側には、①潜水艦と爆撃機からの長距離ミサイルの増強、②台湾における対艦ミサイル増強、③台湾軍兵士らの質の向上、そして④グアムや日本での戦闘機を保護するシェルター(掩体壕《えんたいごう》)の建設、などの具体的な教訓が出されている。これらを有効活用すれば、実際の今後の防衛政策などに反映することも可能だ。

第二に、相手側の事情も理解できるという点だ。

ゲームにおいてプレイヤーが自軍の「ブルー・チーム」ではなく、あえて「レッド・チーム」をプレイすると、相手の強みと弱みを理解できるようになるという点で、これ以上ない教育ツールとなる。つまり「相手の身になって考える」ことで、戦略のメカニズムの核心を把握することにもつながるのだ。

今回のウォーゲームでも、「レッド・チーム」をプレイした参加者の一人は、もし本当に自分が中国側の司令官として人民解放軍を指揮するのであれば、台湾の首脳部に対して「斬首攻撃」(decapitation strike)を行うべきかもしれない、と実に参考になる(恐ろしい)発言をしている。これなどはまさに相手の立場を理解できた教育効果だといえる(「War Game Finds U.S., Taiwan Can Defend Against a Chinese Invasion[ウォーゲームで米台は中国の侵攻を防げると判明]」https://www.wsj.com/articles/war-game-finds-u-s-taiwan-can-defend-against-a-chinese-invasion-11660047804)。

また、イギリスで大学などを中心にウォーゲーミングを行っているフィリップ・セイビン教授などは、プレイをする参加者だけでなく、ゲームを設計する側にも、リアルさを追求する上で非常に多くの学びがあることを指摘している(Philip Sabin, *Simulatin War*, ch.3.)。

第三に、参加プレイヤーたちに「リーダー」としての当事者意識を植え付けることだ。実戦で部隊を動かす経験というのは、本物の軍や自衛隊の指揮官にもなかなかできないが、ゲーム上であればいくらでも、自由に動かせる。

ただし戦争は、たとえそれがゲーム上のものであったとしても、自分に害を加えようとする敵の存在だけでなく、味方の意思疎通や通信、部隊数の制限やアクシデントなど、さまざまな面で計画通りにいかない「**摩擦**」が発生しやすい。

指揮官としては決断、それも即決を迫られる場面が多くある。日本の場合はとりわけ政治家と(防衛省以外の)官僚に積極的に勧めたい。

そうなるとゲームを楽しみながらも、リーダーとしての当事者意識が必然的に身につくことになる。

戦争の興奮と楽しさも？　3つの問題点とは

このように、ウォーゲームというのは総じて有益ではあるが、それでもいくつかの点で問題があることが指摘されている。

第一に、ゲームそのものが現実とは離れた設定になりがちだということだ。

ＣＳＩＳのウォーゲームの場合も、実際には４週間かかると想定される事態をたった７時間に短縮して行うため、どうしても設定に無理が出てくる。リアリティのないものだという指摘は受け入れざるを得なくなる。

この分野の歴史に詳しい戦史家のマーティン・ファン・クレフェルトによれば、ゲームを意味するラテン語の言葉(ludus)が「幻想」(illusion)という言葉の語源になっていることから、そもそも現実から離れやすい側面を持っている点を指摘する(Martin van Creveld, *Wargames: From Gladiators to Gigabytes*, p.4)。

また、これはシナリオの設定にもよるのだが、とりわけＣＳＩＳのようなものになるとバトル重視のものになりがちで、クラウゼヴィッツの言を待つまでもなく、戦争における政治的な要素が軽視されがちになる。

第二に、倫理的に問題があると批判されやすい点だ。

たしかにプレイヤーは上記のようなバトルを繰り返すことで、現実に動かしている現場の兵士や住民などから出る犠牲者などを考慮しなくなるという懸念はありそうだ。

同様に、かなり無理がある指摘ではあるが、たとえばリーダーたちがこのゲームに慣れると軍を動かすまでの閾値《いきち》が下がり、さらには「参加した者をタカ派にさせる」というものもある。

ただし一番の問題は、クレフェルトらも指摘しているように、たとえそれが「仮想上の戦争」であっても、そこにゲーム性を認識して「楽しい！」と感じてしまうことなのかもしれない。不都合なことに、戦争とゲームというのは人類の長い歴史にわたって実な密接な関係性を持っており、前述したクレフェルトなどは「究極のゲームとしての戦争」という説明を行っているほどだ（マーティン・ファン・クレフェルト『戦争文化論』上巻、p.114.）。

マーティン・ファン・クレフェルト著『ウォーゲームス』

端的にいえば、ウォーゲームでもプレイする人間にとってはエキサイティングなものなのだ。そして最大の「功罪」は、プレイヤーたちに戦争の興奮と楽しさを感じさせてしまうことなのかもしれない。

第三は、それがプロパガンダのツールとして使われる可能性もある、ということだ。

厳密にいえば上記のような「ウォーゲーム」と呼

ばれるのかは微妙だが、たとえばアメリカ陸軍がリクルート用に「America's Army」というコンピューターゲーム(ファースト・パーソン・シューティングゲーム)を無料で公開していた(現在は閉鎖)。ここには「ゲームが軍の宣伝に使われる」という倫理的な問題も孕《はら》む。

また冒頭のCSISのようなシンクタンクが来年度の防衛予算編成が決まる9月を前にこのようなニュースをメディアに公開するのは、危機を演出し、いわば軍需産業を有利にするためだと批判されることもある。

ただしその逆に、このような米国・台湾側に有利な成果を公表することによって、中国側を抑止するためのメッセージにも使える面もある。

それでもウォーゲームは有益なものだ。日本では防災訓練や避難訓練などは自治体や企業によって行われることが多いのだが、ウォーゲームは戦争に対する忌避感が多いためか、まだ「盛んにおこなわれている」とは言い難い状況にある。

また噂で聞いた話によれば、日本の政治家はいざウォーゲームに参加しても、自分の代わりに秘書などにやらせたりすることが多いという。ゲーム中の様子から、政治家としての本当の実力や決断力が推測されるのを嫌がるからだ、というが本当だろうか。

いずれにせよ日本周辺の安全保障環境は悪化しており、台湾有事のような事案が発生する可能性は高まっている。ＣＳＩＳほどの軍事レベルのものではなくとも、政・官・学・民が一体となってウォーゲームを活用する時代が来ている。

第十一章　このままでは有事に対応できない

有事への備え方

「ウクライナは、明日の東アジアかもしれない」

ウクライナ訪問を終えた岸田首相は２０２３年3月26日、防衛大学校の卒業式でこのように訓示した。東アジアで最も有事の可能性が高いのはどこかといえば、まず台湾有事を思い浮かべるだろう。

「台湾有事(危機)は起こるのだろうか」という質問は、現在の日本の安全保障や国防の専門家だけではなく、海外のニュースが気になる一般国民のわれわれも、少しは考えたことがあるはずだ。

結論だけ先に言ってしまえば、この質問は専門家や政府関係者でさえも「わからない」という答えが正直なところであろう。未来予測、とりわけ国の運命がかかった軍事や安全保障に関わるものは、それこそ占い師でもない限り、専門家でさえも断定的に予測できるものではなく、「可能性が高い・低い」と答えるくらいが関《せき》の山《やま》なのだ。

それでも台湾有事の可能性というのは、日本の安全保障問題だけでなく、米中の衝突という大きな枠組みで考えてインパクトが大きいことなので、少なくともその備えだけはしておかなければならない。だからこそ日本では現在防衛費の増額が進められているわけだが、実際のところ、日本はどうすれば良いのだろうか？

その備え方について、戦略論の議論においてヒントとなるものを以下で簡潔に述べてみたい。

「フルダ・ギャップ」の事例に学べ

台湾有事がもし実際に発生すれば米中衝突から世界戦争に至る可能性もあるため、その

フルダ・ギャップ

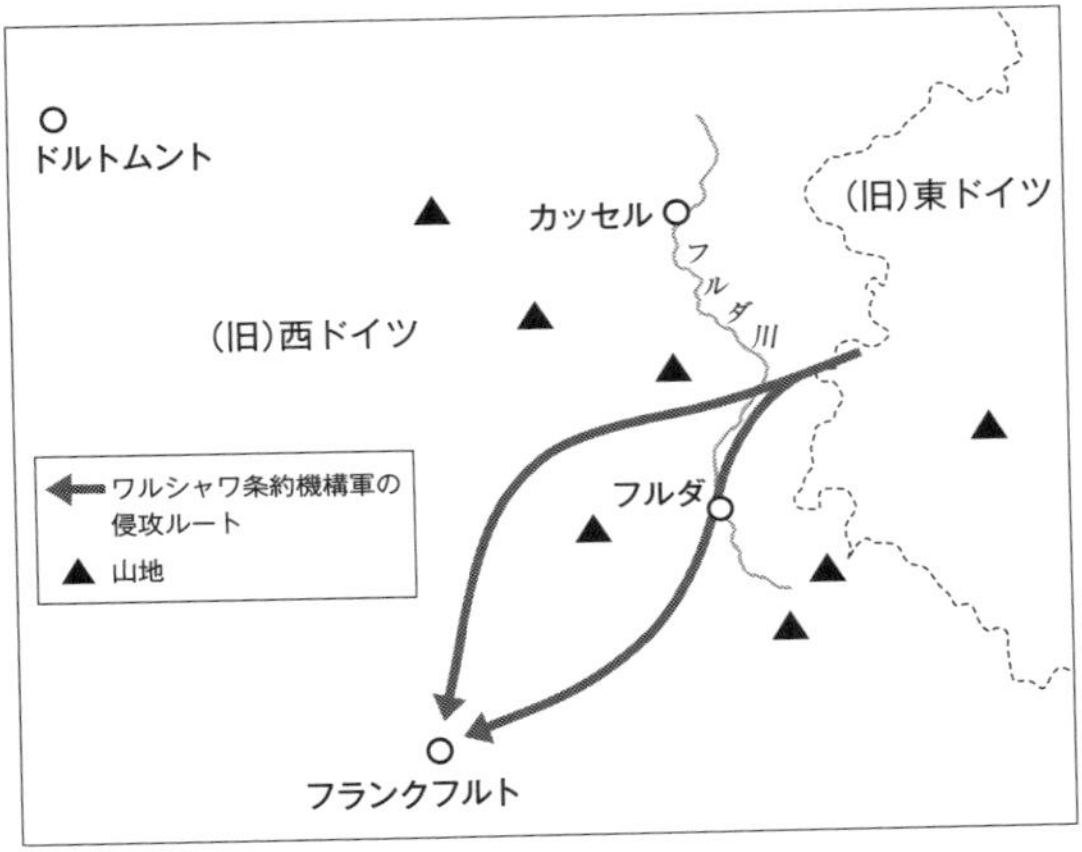

インパクトは「世界秩序」にも影響を与えることは容易に予想される。したがって台湾有事が「次の大規模戦争が発生する場所」として注目を集めるのは当然だ。

ところがここで参考になるのが、冷戦時代（1947〜91年）の話だ。この時代はアメリカとソ連がとりわけ西欧で覇権争いをしていたと見ることができるのだが、とりわけ終盤の「第二次冷戦時代」と呼ばれる1980年代に、現在の台湾有事と同じように注目されていたのが「**フルダ・ギャップ**」(Fluda Gap)をめぐる戦いであった。

これは冷戦中の東西ドイツの国境に位置していた町の名前からつけられた陸上侵攻ルートのことであり、ここをソ連率いるワルシャワ条約機構の軍が進撃する際に通る可能性が高く、ここから当時の西ドイツ最大の都市フランクフルトを目指すシナリオが予想されていた。

ところが実際にはここでは危機は発生せず、一発の銃弾も発射されることなく冷戦は無事に終わりを迎えたのであり、後に紛争に至る可能性もなかったことが判明している。

現在の「台湾有事」も「フルダ・ギャップ」という言葉が使われて警戒されているが（「Taiwan key to freedom in Indo-Pacific: former US defense official［インド太平洋における自由の鍵は台湾：元米国防当局者］」https://en.rti.org.tw/news/view/id/2004188※シュライバー元国防次官補が台湾を現代アジアのフルダ・ギャップと表現したこと）、この当時に想定されたような大規模侵攻は、識者にもよるが、現在、実際に発生する可能性はかなり低いと見られている。

有事勃発のフラッシュポイントはどこか

ところがその可能性は「ゼロ」ではなく、その他のシナリオ――たとえば台湾の政権を北京寄りにする影響工作や、金門島《きんもんとう》など本島以外の島を人民解放軍が占拠、さらには米中の艦船の小規模軍事衝突など——も多くのパターンを考えることができる。

また、歴史的に見れば、米中間のように世界秩序を決定づけかねない危機は、第一次世界大戦がサラエボでオーストリアの皇太子が民族主義者に狙撃された比較的マイナーな事件から連鎖して始まったように、想定されてはいなかった場所で思いがけない形で始まる可能性がある。

台湾以外にも考えられているのは、尖閣諸島や東シナ海におけるフィリピン沖、そして北朝鮮などだが、前章で触れた韓国と中国の間の黄海での領海争いなど、マイナーだがフラッシュポイントになる可能性のある場所は実に多い。

ではわれわれはどうすればいいのだろうか？

結果として、戦略論的なアプローチで考えると「台湾有事は起こるものと想定して考えよう」というのが最も適切な姿勢となるのだが、それ以上に大事なのは、「いかにその突発的な事態を把握して柔軟に対応できるか」である。

戦略家の故コリン・グレイは『戦略の格言』（芙蓉書房出版）という戦略家としての心構えを記した貴重な著作の中で「サプライズは避けられないが、それが及ぼす影響は避けられる」という格言を提唱しつつ、さらにこう述べている。

戦略家が必死に防がなければならないのは、戦略面での対応の仕方がある程度固められてしまい、戦略・軍事面での心構えに柔軟性が失われてしまうような事態だ。

まさに台湾有事にも同じことが言えよう。

われわれは台湾有事のような「事態の予測」や「シナリオ」ばかりに目を向けがちだが、本当に勝負が分かれるのは、その事態への迅速な対処能力の方である。そしてこれは国や自治体だけなく、われわれ個人レベルでも同じことが言えるのであり、突発的な事態に対して常に柔軟な対処を心がけるべきであろう。

低調な国防議論

だが、実際に台湾情勢が熱を帯びていても、それでもやはり軍事を忌避《きひ》する傾向は、日本社会に残っている。

2021年に入ってから、中国は空軍機を台湾近くの空域に大量に侵入させると、アメリカの専門家たちは次々と台湾有事を警戒するような声明を発表。北京とアメリカの緊張は高まっている。

それでも日本の世論における警戒感は少なく、「台湾有事に備えよう」とか「国防費GDP2％を目指そう」という議論はほとんど起こっていないし、メディアも騒ぐ様子がない。

現在、国民から自衛隊への信頼度は80％超と非常に高い（「世界価値観調査」2019年 https://president.jp/articles/-/43134）。災害派遣や海外へのPKOやアフリカ沖での海賊対処など、地道な努力の積み重ねの結果といえる。

だが、自衛隊が本来担うはずの任務である国防や安全保障に関する議論は、全くといいほど盛り上がっていない。これは目の前の台湾有事の可能性が取りざたされている状況と比べても、非常に強いコントラストを描いている。

「国防議論が盛り上がらない」3つの問題

ではなぜ国防論の話題が盛り上がらないのか。最大の問題は、そもそも日本国民の間で、そのような議論への関心が薄いという致命的な要因がベースにあるように思える。

これはあくまで情報の「受け手」の問題だが、今回はその焦点を「発信者側」の問題として捉えてみたい。

私見であるが、この原因には大きくわけて3つあると考えている。

第一に、国防論の話が専門的すぎる、という点だ。ハッキリ言って、国防や安全保障の問題は、一般の国民（やマスコミ関係者）にとって、難しすぎる。

たとえば専門用語。最近無料で公開された、民間のシンクタンクによる日本の国防・安全保障問題における優れた報告書がある（「日本の抑止力とアジアの安定を考える」ＰＨＰ総研 https://thinktank.php.co.jp/wp-content/uploads/2021/12/2ca2e12767c3c607e06ff27d36fceef3.pdf）。だが、冒頭から「抑止」「極超音速ミサイル」「潜水艦発射弾道ミサイル（ＳＬＢＭ）」など、われわれが学校で決して学ばないような言葉が並んでいる。

懲罰的・拒否的抑止、ハイブリッド戦争、信頼醸成措置、能力構築……その筋の専門家たちの間では日常的に使われる言葉でさえ、一般読者には一見して「専門家たちだけが語るもので、私たち一般人には関係ない」という印象を与えるのに十分だ。

つまり日本のような高度な教育システムを持っている国民にとっても、国防や安全保障の話は学校教育の中で排除されているため、そもそも基礎知識がなく、専門的で難しいものという印象しか残らない。ゆえに、当然ながら自分たちの生命や財産のかかった深刻な影響を及ぼすもの、というリアリティを感じられずに敬遠されて理解が進まない。

「戦争＝人殺し」が炎上した理由

第二に、「国防や安全保障の話をする人は危険人物である」という印象がある点だ。

たしかに国防や安全保障というのは、その究極の形である「戦争」や「戦闘」、さらには「軍事」というトピックに直結する話題でもある。そのため、「国防」を語る人が必然的に「戦争挑発者」(warmonger)という印象を受けやすい部分がある。もちろんこれは「日本が総力戦で大敗北し、国を滅ぼした」という特殊な歴史による部分はある。

そもそも今の世代の日本のほとんどの人間は「戦争はいけないこと」であるという学校の教育を受け、そうした社会の雰囲気の中で育ってきた。そのため「戦争＝人殺し」と認識してしまう。

たとえば2021年に、夜のニュース番組でアイドルグループ嵐の元メンバー・櫻井翔氏が、戦争特番のキャスターとして真珠湾攻撃に参加した100歳を過ぎた元搭乗員に取材した。

その際、「アメリカ兵を殺してしまったという感覚は？」と質問し、ネットでは炎上した。

これなどは、櫻井氏特有の問題ではなく、戦争そのものを忌避して、それが国家の生き残りをかけた政治行為であることを客観的に教えない、もしくは教えられない日本の教育制度の問題ととらえるべきだろう。

日本では「平和の大切さ」については何度も教え込まれるが、その平和を誰がどのように維持しており、それをどうすれば実現できるのかについては教えられない。「外交による話し合いが大事だ」と言うだけで、そこで思考停止してしまっている状態だ。

さらにこのような教育では、「**相手の存在や意図**」は無視される。それが現代の国防の話においても続いてしまう。こちらの平和の意図に関係なく、相手が「命をかけても島や領土を取りに来たい」と考えているという事実は、都合よく無視されるか、そもそも存在しない要素として扱われる。

また「危険人物」というわけではないが、そこからややレベルが下がったものとして、国防や安全保障の話を正面から語る人物は、単なる軍事オタク(いわゆるミリオタ)や変な趣味を持った人間だと見られて、まともに話を受け入れてもらえない、という側面もある。

安全保障を「陰謀論」で語る弊害

第三に、国防や安全保障を語る人間は「右翼の民族主義者」であったり「人種差別主義者《レイシスト》」であるという印象を与えている点だ。これが最も深刻だ。

やっかいなことに、実際にそのような人物による発信は、ファクトチェックの効かないネットメディアやSNS、そして動画サイトなどの世界では実に多いのだ。

しかも困ったことに、彼らは海外のデマ情報サイトやニセ情報にコロッと騙され、事実無根な情報を確認もせずに垂れ流す。彼らによる2020年のアメリカの大統領選における「不正選挙」議論の異様な盛り上がりは、今も尾を引いているし、同年に世界的に流行した新型コロナウイルスや、ワクチンに対する偽情報も、ネットを席巻《せっけん》している。

さらに最悪なのが「陰謀論」から国防や安全保障を語る人々であり、「ディープ・ステート（DS）が」「イルミナティが」という語り口で、YouTubeなどの動画サイトで主張や説を垂れ流している。

もちろんこのような話はエンターテイメントとして楽しむ分にはかまわないが、政治家を動かす国民や、さらには国の政策を動かす実務者たちには、そのような議論はまともに受け取ってもらえない。

以上、日本で安全保障議論が盛り上がらない3つの理由について述べた。日本は安全保障面で本当に危機を迎えつつある。とりわけその脅威がアジア方面にある今、危機を論じることそのものが人種差別的と誤解されることは何のメリットもない。

冷徹で合理的、そして健全な語り口で、国防議論をすべきであろう。日本には健全な国防・安全保障に関する議論が必要だ。

台湾有事については、実際に起こり得る危機と想定したうえでの対処が求められる。日本にその準備はできているだろうか。

陰謀論者が招き入れる「新しい戦前」

われわれはどこにいて、世界はこれからどこに向かうのだろうか？　日頃から国内外のニュースを見ている読者の方々も、現在世界で起こっていることを見れば、全体的にあまり楽観的になれない状況になりつつあると感じている方が多数かもしれない。

このようなカオス的な国際情勢をどうとらえるべきであろうか？　その見方の一つとして、私は自分の研究してきた古典地政学の視点、たとえば伝統的な「ランドパワーvs.シーパワー」や「リムランド」における三大戦略地域のバランスなどによって（もちろん全てではないが）一定の説明ができるのでは、と記してきた。

ところがそれ以外にも、このような状況を説明する際に、やはりよく聞くのが「新冷戦」というキーワードだ。

たとえば大きな視点を持ったコラムニストとして有名な英フィナンシャル・タイムズ紙のギデオン・ラックマンは、2023年3月に日経新聞に転載されたコラムで、「対立する2つの陣営が世界に出現したことで新たな冷戦が始まったとの議論が沸き起こっている。新冷戦も米ソの冷戦と明らかに似たところがある」と指摘している。

ところがその後にこうも指摘する。

ギデオン・ラックマン（フィナンシャルタイムズチーフ外交コメンテーター）

歴史を振り返れば米ソ冷戦時代以上に今の状況に

似た時代がある。それは世界各地で緊張が高まった1930〜40年代だ。当時も今と同じく、欧州とアジアの2つの権威主義国家が、英米が不当に世界を支配しているとみなし、強い不満を抱いていた。

そして、当時強い不満を抱いていた国としてドイツと日本を引き合いに出し、これが現在のロシアと中国に当てはまる、とするのだ。

ラックマンのこのような議論は英語圏でよく見かけるものだ。その妥当性はさておき、私が個人的に気になるのは、彼の指摘する「1930〜40年代」や前の「冷戦」時代において、日本をはじめとする国民の間で流行し、目の前の国際情勢や、戦争についての説明や(陰謀論的な)言説のベースになっていた、マルクス・レーニン主義的な議論の流行だ。

しかもここで興味深いのは、日本ではその言説が従来の左派側だけでなく、とりわけ右派側の議論にも色濃く反映されつつあるという実態である。以下で簡潔に説明したい。

マルクス主義の「戦争原因論」をレーニンが国際政治理論に押し上げた

「戦争の原因は何なのか」という問題は、国際関係論(国際政治学)の分野ではいわゆる「戦争原因論」などと呼ばれ、実に豊富な知の蓄積がある。

その原因を論じたものの中で、最も古いものの一つが「マルクス・レーニン主義」によるものだ。これはプロイセン王国生まれのカール・マルクス(1818~83年)が提唱した、実に包括的な世界観と、革命的な思想(マルクス主義)をベースとしたものだ。

マルクスは資本主義がやがて社会主義や共産主義に取って代わり、あらゆる社会構造や政治的な関係というものは社会の根本的な経済構造によって決定されており、とりわけ生産手段を持った「資本家」と「労働者」との関係性が重要であり、この二者による「階級闘争」が歴史発展の基本的動因であるとする学説・思想を唱えて、20世紀の政治に多大なる影響を与えたことは周知の通りだ。

ところがマルクス自身は、もっぱら国内政治に関する議論を展開していただけで、国際政治に関する体系的な理論を提唱したわけではない。この議論を国際政治に応用し、さら

マルクス・レーニン主義の説明

・資本主義による帝国主義が戦争の原因
・資本家が階級を固定するために起こす
・資本蓄積と消費不足で海外市場へ
・資源を求めて戦争をする
・軍事ケインズ主義で世界恐慌を脱出
・「死の商人（merchant of death）」仮説
・軍産複合体（リベラル派の議論）
→亜流が国際金融資本、ディープステート論

に戦争の原因についての考え方にまで高めたのが、革命家でありソ連の初代の指導者であるウラジーミル・レーニン（１８７０〜１９２４年）である。

レーニンは、大英帝国の拡大政策は植民ではなく、資本の投資と市場の開拓を目的としたものだと批判したJ・A・ホブソンの考えなどをヒントに、１９１７年に『帝国主義論』をまとめている。

ここでの主な主張は「資本主義は資源と労働力と市場の確保のため、植民地争奪戦争を必然化する」というもので、これによっていわゆる「マルクス・レーニン主義」の国際的な戦争の原因の説明が完成し、「国際的な紛争は、資本主義体制や、資本家階級が求める利益によって発生する」ということになった。

帝国的な資本主義体制をとる国は、過剰生産に陥るためマーケットを求めて海外に展開する強いインセンティブにさらされるという説明や、資本主義国には急激な生産拡大のために天然資源が必要になるために海外での植民地獲得に乗り出す(60年代のベトナム戦争のときによく見られた議論)という説明が加わる。

「資本家階級が戦争を起こす」という陰謀論

さらに世界恐慌を抜け出すために経済を回復させようとして戦争が行われたとする「軍事ケインズ主義」(military Keynesianism)と言われる議論も、当時に関しては一定程度の正当性はあったかもしれないが、現代の高度に情報・知識化された社会・経済の構造では、それによって期待される民間経済への効果は大幅に縮小している。

また、米国が第一次世界大戦に参戦する際に軍需企業が対外政策を引っ張ったとする「死の商人説」(merchant of death hypothesis)も、たしかに戦争によって兵器産業は利益を得た面はあるのだが、当時のウィルソン大統領を参戦に実際に駆り立てたのはバランス・

オブ・パワーの考慮やドイツの潜水艦による攻撃、そしてアメリカのリベラルなイデオロギーなどにあったとするのがほとんどの歴史家たちの見解であり、死の商人説には学術的にも説得力がない。

このような議論に共通する世界観は「資本家階級が戦争を起こす」という陰謀論的な考えに集約される。

日本の右派にも蔓延《まんえん》している

このような「資本家階級が戦争を起こす」という考え方だが、これと似たような世界観に則《のっと》った議論は、日本共産党のような従来の左派だけでなく、主に最近の日本の右派・民族派側の陰謀論的な言説にも見てとることができるのが気になるところだ。

たとえばウクライナの戦争を仕掛けたのは「ネオコン」や「ディープ・ステート」（DS）と呼ばれる特定の集団である、とする議論もあるかと思えば、さらに陰謀論的な言説では「ユダヤ人を中心とする国際金融資本家らによって積極的に進められるグローバリゼーションと、それに対抗するナショナリズムとがせめぎ合いを行っている」というものもある。

さらに驚くのは、そのナショナリズムを標榜《ひょうぼう》する「光の勢力」をリードするのが、なぜか侵略戦争を起こしているロシアのプーチン大統領や、米国内で政治的分断を進めているトランプ前大統領であり、彼らの登場によって状況が変わりつつあるという議論がなされる。

もちろん、このような議論はエビデンスに決定的に欠けているため、大手メディア的にも学術的にもまったく相手にされていない陰謀論である。だが、そのようなエンターテイメント的な議論を信じる人々が日本でも次第に増えてきている様子が、SNSを中心に可視化されていることが気になる。この手の陰謀論を「楽しむだけ」ならかまわないのだが、このような怪しい言説と世界観が政治に浸透し、日本の政策が振り回されて国益を害するとなれば、戦前の状態と変わらないことになる。

もちろん「言論の自由」と言われてしまえばそれまでなのだが、客観的な事実に基づかない主観的・感情的な政策がもたらすのは悲劇だけである。

陰謀論が跋扈《ばっこ》する危険な時代へ

もちろん上記のような実態が見えてきたからと言って、必ずしも日本がこれから

1940年代のような政治的な動乱と戦争の時代に突入するとは言い切れない。

それでも日本国内の政治言論の中において、このようなマルクス・レーニン主義的なものと似たような議論や陰謀論が(再)普及しはじめたことは、あまり良い兆候であるとは思えない。

そのような議論が流行する時代というのは、国際的な状況が不安定になったり、人々が生活に不安を感じたり、社会の中の格差の問題に焦点が当たるようになってきたことを示しているからだ。

上記のような陰謀論を論じている人々や、それを聞かされている彼らは、自分たちの言説がマルクス・レーニン主義における戦争の原因の説明と似ているとはまったく考えていないはずだが、そのような議論に気づけないくらいにそれを本気で信じている人々が増えている実態こそが、逆にラックマンの指摘するような「1930〜40年代」や「冷戦」時代に似てきている証拠とは言えないだろうか。

第十二章　日本に足りないものは何か

変わる国民の意識、変わらない大手メディア

ここまで、ロシアによるウクライナ侵攻、そして懸念される中国による台湾侵攻（台湾有事）に関する国際ニュースを読み解きながら、戦略学的に必要な考え方を紹介してきた。

安全保障や国際政治の専門家、あるいはこうしたテーマに関心の高い国民の意識は、以前と比べてかなり変わってきたのではないかと思う。特にウクライナ侵攻は、そうした変化に拍車をかけるに十分だった。

ところが一部のメディアや論者には、あまりに危機意識のない言説を繰り返し吹聴《ふいちょう》して

いるものがある。むしろ、危機が高まるほど「煽ってはいけない」「軍事以外の解決の道もあるはずだ」と述べる傾向さえある。

さらには、あえて問題を直視しない姿勢すら垣間見える。たとえば香港で大規模なデモが発生し、中国本土からの指示でこれが強硬に弾圧され、香港の本土化が進む過程で、「今日の香港、明日の台湾」という言葉がよく聞かれた。

ここに「明後日の沖縄」を付け加え、中国の影響力の拡大によって、沖縄までもが中国の射程内に入るのではないかという危惧《きぐ》が出てきた、あるいはウクライナ侵攻が起きてからは「今日のウクライナ、明日の台湾」というフレーズも聞かれるようになったことは重大だ。当然、その後にも「明後日の沖縄」と続く。

しかし日本国内の大手メディアが報じる沖縄は、従来の基地問題や沖縄戦の記憶、差別の問題などに終始している。これらも重要な問題ではある。だが日本、特に南西諸島方面を取り巻く安全保障環境の変化を十分に伝えないがために、なぜ沖縄の離島に自衛隊が基地を進出させているのか、が極めて見えづらい状況にある。

安全保障センスの欠落

たとえば2022年5月15日は沖縄本土復帰50周年であった。このイベントをきっかけに、大手メディアでは基地問題で揺れる現地からのレポートを始めとして、見応えのある報道がいくつかあった。ところが一部のメディアやコメンテーターたちの論評には、実に視野の狭い、安全保障や戦略に関するセンスがまるでない論評や発言があった。

なぜセンスがないのか。

結論だけいえば、脅威を及ぼしてくる存在が完全に忘れられているか、完全に無視されているからだ。これは沖縄の問題を考える上で非生産的なだけでなく、むしろ危険なものであると考える。

沖縄の復帰問題と関連付けて議論されている中で多く聞かれるようになったのが「台湾有事は日本有事」というフレーズだ。

だが「安全保障センスのない」彼らはそのような議論の盛り上がりを警戒する。「台湾有事は日本有事」という際の「日本」は、実質的には「**沖縄有事**」でもあるにもかかわらず、そ

中国、ロシア、北朝鮮から目をそむける日本のメディア

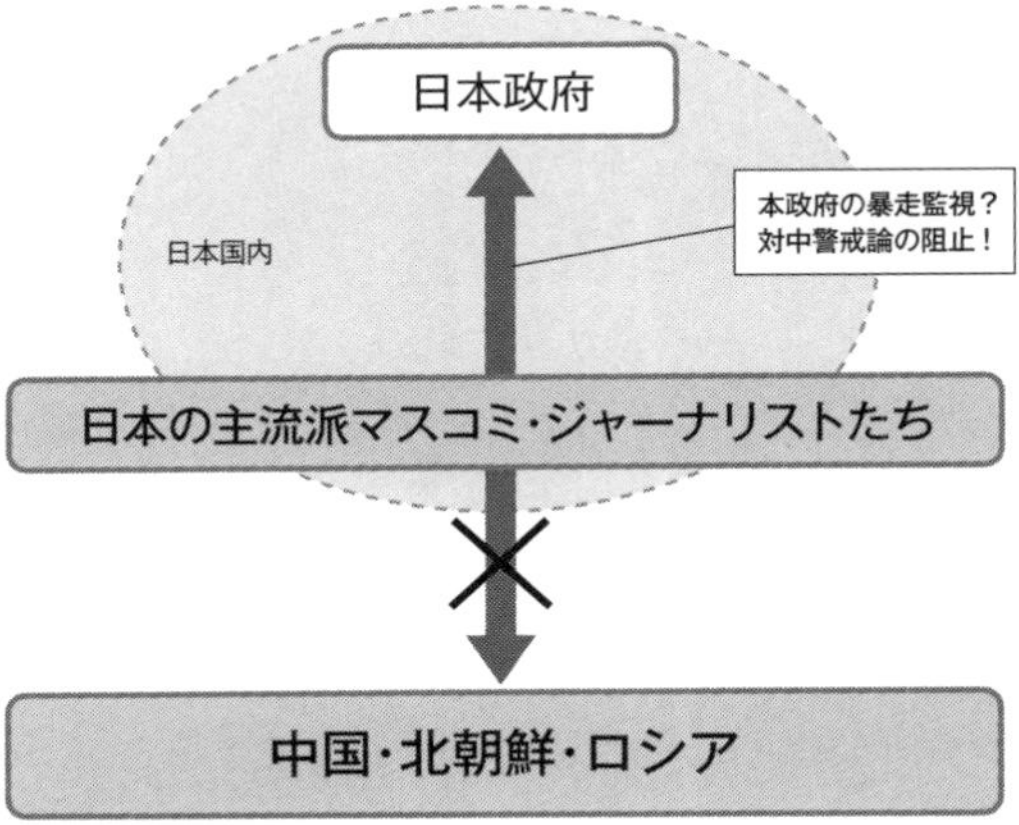

出典：筆者作成

の議論の中に「沖縄県民の意思」が出てこないことを問題視するのだ。

たとえばその典型的なものは、毎日新聞の論評欄に掲載されたジャーナリストの渡辺豪《つよし》氏の意見である。彼は現在の台湾有事の議論をこう一蹴してみせる。「沖縄住民の犠牲をよそごとのように捉え、非現実的な『国防』を論じるメンタリティーは77年前と何ら変わっていない」

このような「沖縄住民の犠牲」を強調する議論は、日米が抑止に失敗したら沖縄が戦場になる蓋然性《がいぜんせい》の高さから考えれば、実に説得力のある議論のように感じる。

ところがこのような議論の前提に決定的に欠けているのは「誰が脅威を及ぼし、誰が戦

争をしかけようとしているのか」という視点だ。

もし「台湾有事」であるとすれば、最大の問題点は、少なくとも台湾を軍事的に侵攻しようとしている中国の政策やその姿勢となるはずだ。だが、彼らの議論の中では中国（や北朝鮮）の役割はまったく考慮されておらず、とにかく「日本政府が心配だ」となってしまうのだ。

「日本さえ軍拡しなければOK」なのか？

さらに興味深いのは、そのような脅威に対して日本が（アメリカと共に）軍備を増強させようとすると、そうした動きを異様なまでに警戒することである。

彼らの中では「日本政府は常に判断を誤る」という考えがあるようで、まるで日本側が何もしかけなければ安全や平和は自動的にもたらされる、と言わんばかりだ。

このような議論は、専門用語で「**安全保障のジレンマ**」（Security Dilemma）と呼ばれる概念を援用したものだ。元はジョン・ハーツという学者が唱え、先ごろ亡くなったコロンビア大学のロバート・ジャーヴィスという学者が1970年代に再興した概念だ。

そのエッセンスを言えば、一方が安全を得ようとして軍事力を拡大すると相手の不安を巻き起こし、それによって相手の軍事拡大のインセンティブは高まり、そこから軍拡競争の負のスパイラルに入る、という考え方である。

日本での議論がこの概念を正確に理解しているかどうかはわからないが、いずれにせよ「こちらがしかけると状況は悪化する」という考え方がベースにあり、しかも「軍拡してくる相手」は、はじめから存在しないことになっているため、結果として「日本さえ軍拡をしなければＯＫ」という結論になる。

ところが現実は異なる。不都合なことに、その肝心の「相手」である中国は、国防費を30年にわたって毎年二ケタレベルで増大させ、日本の防衛費の4倍を支出して領海・領空侵犯を頻繁《ひんぱん》に行っている。あるいは北朝鮮は、日本国民を拉致《らち》し、核弾頭が搭載可能なミサイルを開発し発射実験を繰り返している国なのだ。

こうした「本物の脅威を及ぼしてくる相手」が存在しないことになると、日本の行動いかんで世界の安全保障の状況が劇的に変わる、もしくは日本の影響力はアメリカ並みに大きい、という想定になってしまう。日本さえ何もしなければ平和は維持されるが、日本が少しでも軍拡すれば国際社会に戦争を引き起こす、というのだから、これも一つの「自国中心主義」というほかないだろう。これでは現実は全く見えてこない。

日本、とりわけ沖縄に最大の脅威を及ぼしてくる相手は、中国(や北朝鮮)である。にもかかわらず、その相手の意志や行動を考慮にいれない、もしくは完全に無視して議論をすることは、そもそも状況を正確かつ客観的に捉えられないということだ。

そしてそれは、単なる知的怠慢《たいまん》というだけでなく、日本の安全を真剣に考えられなくなるという意味で、逆に危険な状況を呼び込むような態度であると言えないだろうか。

「敵を知り己を知る」ことは、孫子の言葉を引用するまでもなく、国際関係における安全保障や戦略環境を知る上では欠かせないセンスそのものなのだ。

与那国島をめぐる報道

2023年7月23日には、岸田政権の松野官房長官が日本の最西端である沖縄県の与那国島(与那国町)を訪れた。その際、地元との懇談《こんだん》などの合間に「避難シェルターの整備」を始めとする住民保護の対応を進める、と表明したことが報じられた。

このニュースも、何も前提知識がない状態で聞けば、おそらく「なにか怖いことが起こりつつある」という不安を感じる人々が大半であろう。ともすれば、「日本政府はとんでもない軍拡をやっているのでは」という印象を持たれかねない。

ここへさらに「与那国の陸上自衛隊の駐屯《ちゅうとん》地にミサイル部隊が追加配備される」という話も加わると、一層印象が悪化する。だが、ここでも欠けているのはやはり「相手」の存在なのである。

こうした報道の何が問題なのか、「自衛隊は歓迎したけど…『ミサイルは話が違う』『標的になる』https://373news.com/_news/storyid/178914/」と題する記事を掲載した南日本新聞と、NHKのニュース番組(2023年7月24日放送)の報道を題材に論じてみたい。

「質問」から間違っているメディア

第一に、日本の一部大手メディアは本質的に問いかけるべき「質問」を間違えていると言える。たとえばこれは、鹿児島の地方紙である南日本新聞の記事の最初の説明に「(与那国町に)基地があることは地方の暮らしにどんな影響を及ぼすか」という国民目線の問いかけが用意されていることからもよくわかる。これ自体は、地方紙のミッションが「地元の目線に寄り添う」という点にあることを考えれば全く問題のないものと言えそうだ。

だが、その問題をそもそも発生させている要因については「海洋進出を強める中国を念頭に米軍との一体化も進む」という状況説明がなされるだけで、その問題の核心についてはまったく切り込まれていない。議論が地元(この場合は与那国島)と日本政府の関係だけに集約されてしまっているのだ。

投げかける質問を、たとえば「なぜ避難シェルターの整備が必要なのか」や「なぜミサイル部隊の配備が必要なのか」としてみればどうだろうか。

そうなると、記者の関心と読者の関心も「避難シェルターはなぜ必要なのか」「どのようなミサイル部隊が配置され、その装備はどのようなものになるのか」という報道ができるはずだ。地方紙である南日本新聞では無理だとしても、たとえば中国の首都であり北京に支局を置いているNHKなどは、より広い視点を持てるはずである。

中国の人民解放軍が、台湾有事に関してその管轄となる東部戦管区においてどのような兵力を増強しており、それに対して与那国に配備される自衛隊側のミサイル部隊の能力がそもそも十分なのかを解説することも可能だ。

さらに、与那国の問題には中国のここ数十年間続いている急激な軍拡や、それによって発生した米中間の冷戦的な対立にまで触れることも可能であろう。だが、そうはなっていない。なぜなら、この種の報道は、そもそも「問い」の設定を間違えているからで、そこから出てくる報道や解説が視野の狭いものばかりになってしまうのだ。

「戦略的状況」を想定できない

第二に「**戦略的な状況**」を想定できていないという点だ。「戦略的状況」には必ず脅威となる競争相手の存在が欠かせないものだが、日本の報道ではまだそのような「戦略的な状況」は発生していないという前提であるため、必然的に「競争相手も存在しない」という設定になってしまう。

そのため、この種の報道も「(住民に対し)脅威を及ぼしてくる競争相手(この場合は中国、もしくは米・自衛隊側か)」の事情には全く無関心であり、いざ米中間の軍事的な衝突や台湾有事が発生した場合の判断材料がない。

これでは相手が何をしてくるのかを理解できていないために、情報の受け取り手である国民はすでに発生した戦略的状況を見誤ることにつながってしまうのだ。

これは先に述べた「敵を知り、己を知る」ことの重要性と共通する。

さらに言えば、極端な表現に置き換えれば「敵への愛」が足りないといえる。

愛があれば、中国の意図や政治的背景、文化や歴史、民俗への理解にまで及ぶ深い洞察ができるはずだ。

だが「敵への愛」が足りない日本、特にメディアには、戦略的な状況を理解するために必要となる土台がそもそも存在しないのである。

「敵への愛」はなぜ必要か

「敵への愛」がなぜ必要なのか。一つ印象的なエピソードを紹介したい。

2018年5月、イスラエル空軍がシリア領内のイランの軍事施設を空爆したというニュースがあった(「イスラエル、シリアの軍事施設を爆撃『イランの攻撃』に報復」AFP 2018年5月10日https://www.afpbb.com/articles/-/3174047)。

この時にイスラエル軍の総司令部の中では「この空爆を受けてイラン側がどのような声明を出してくるのか」で軍の高官たちの間で「賭け」を行っていたという。

詳細は省くが、軍部の中にはイラン側の反応を正確に予測できた人物はおらず、イスラエルの諜報機関であるモサドの「イラン専門家」だけが正確に予測し、この「賭け」に勝ったという。しかもこの専門家は、イランの料理や文学、演劇から映画まで、イランのあらゆることを「愛している」人物だった。

もちろんこれは伝聞の話なので真実かどうかは微妙だが、少なくとも安全保障に関する問題において、日本の報道機関が学ぶべき教訓は明確だ。脅威を及ぼしてくる中国側の軍事的な事情を理解しようとする姿勢、いわば中国に対する「愛」が足りないのだ。

中国への「愛」があればどうなるのか。どんな情報も見逃さず分析することで、中国の兆候をつかむことも可能だろう。

たとえば米中関係において、現在の中国とアメリカの軍部がホットラインを設置しているにもかかわらず、北京側が通話を拒否しているという。その理由は、「アメリカとの一時的な危機（1962年のキューバ危機のレベル！）を発生させて米軍を太平洋から追い出すためだ」とする解説もあるほどだ（「Why China Won't Talk With America's Military: Beijing Sees Silence as Leverage［中国が米軍と対話しない理由：北京は沈黙を梃子《てこ》にしている］」フォーリン・アフェアーズ誌 https://www.foreignaffairs.com/united-states/whychina-wont-talk-americas-military)。

また習近平国家主席は２０２２年7月6日に、台湾有事や沖縄への攻撃における最前線となる東部軍管区の司令部において「戦って勝つための能力の向上」を指示した(「習主席、台湾管轄の軍戦区視察『戦って勝つ能力の向上を』」毎日新聞２０２３年7月7日 https://mainichi.jp/articles/20230707/k00/00m/030/318000c)

さらに沖縄の帰属問題に疑問を呈するような「琉球と福建の歴史的つながり」を示唆するコメントをし、それを官営の人民日報紙が連日トップでとりあげるなど、日米間への揺さぶりをかけているような状態だ(「沖縄も『対日カード』か　習近平氏の『琉球』発言が波紋　人民日報1面」産経新聞２０２３年６月17日 https://www.sankei.com/article/20230617-AFTTU5B7U5NSRH5PE2EZ5KH32Q/?599170)。

日本のメディアの中に、米(日)中間の対立的な状況、つまり「戦略的な状況の発生を遠ざけたい」という気持ちがあることは一国民として理解できないわけではないが、現実にはすでに戦略的な状況は発生してしまっている。この事実を直視し、「中国への愛を持って」正確な報道や解説を心がけるべきではないだろうか。

「お気持ち報道」の限界とNHKの責任

第三に、常にこの手の安全保障や軍事が関係してくる問題については、そのほとんどで専門的かつロジカルな説明がなされず、なんとなく恐怖が迫ってきている「気分」や「雰囲気」を視聴者に訴えかけようとするものばかりである点だ。

その典型的なものとしては、南日本新聞の記事にみられるように、受け入れている地元で自衛隊誘致において深刻な意見の対立があると強調するものであったり、誰がミサイルを撃ってくるのかを言わずに「ミサイルが自衛隊の基地に落とされるから怖い」（ウクライナでもわかるように、実際はあってもなくても落とされる）というイメージを強調するもの、さらには「日本が一方的に軍拡をしている」といわんばかりのイメージにあうようなコメントを地元の人々から取ってくることだ。

もちろんこうした意見があることは事実であるが、このような報道自体は、現実に起こっている事態からかけ離れた、ある種の印象操作のような報道であると批判されても仕方のない部分がある。

というのも、この種の地元の人の意見だけによりそった情緒《じょうちょ》的な論の建て方では、問題の論点がぼやかされてしまうだけであり、その本質には決して迫ることができないからだ。

南日本新聞のような地方紙であればまだしも、NHKのような大手メディアの夜の報道番組（ニュースウォッチ9）がそれではまずいだろう。

日本の国家レベルの安全保障に関係してくる与那国島に関する報道が「地元の対立状況」だけを中心に扱うスケールの小さなものであるという実態は、公共放送としての責任を果たしていると言えるのだろうか。

世界的に秩序が乱れつつあるなかで地元の住民の気持ちに寄り添う報道の重要性は否定しないが、それを形成している問題の本質に迫るような視点の大きさも、日本のメディアには求められている。

メディアは自衛隊員の死をどう報じるか

「愛」が足りないのは、中国に対してだけではないかもしれない。日本のメディアは自衛隊員の死をどう報じるのか。これはかなり究極の問いでもある。

2023年4月6日、沖縄・宮古島海域で陸自ヘリ墜落事故が発生し、第8師団の坂本雄一師団長ら搭乗していた10人が行方不明、26日までに坂本師団長を含む6人の死亡が確認された。

これは日本社会に大きなインパクトを与える事故であった。なぜかと言えば、「国というコミュニティのために犠牲になった人間について、国民と国家はどう向き合うべきなのか」という、近代国家にとって根幹をなす問題を投げかけるものだからだ。

もちろん日本ではこの問題についての議論は以前から多く行われてきた。たとえば靖國神社に関して「国は戦死者をどう祀《まつ》るべきか」という文脈から、主に党派的な面から議論されてきた面はある。

ところがそのような政治的な性格の強いイシューのおかげで、日本ではたとえば戦争学や戦略研究などのアプローチから、客観的に議論されることはほとんどなかったと言ってよい。

だが今後の日本が政治的に直面する可能性の高い問題において、英語圏では学問的な議論が行われている。その議論を、「戦士」(warrior)という言葉に集約してご紹介したい。

第一に「戦士」は、ある一定の「行動規範《きはん》」(code of conduct)を守るべき存在であるとされる。

そもそも「戦士」という言葉は、日本社会では一般的にゲームや小説などのフィクションの世界でしか使われることのないものであり、「ウォーリアー」と言われても、80年代に活躍したプロレスラーのリングネームのような響きであるため、いま一つ社会的な実体を持つ概念だとは感じられにくい。

ところが実際に戦争を行っている英語圏の国では、この概念を正面から取り上げ、しかも学問的に議論をするケースが多くみられる(たとえば *The Warrior Ethos*, Steven Pressfield という本がある)。

そのような議論において「戦士」とは「社会(コミュニティ)のために命を賭《と》して戦場で暴力を使って戦う存在」ということになる。一般的には「兵士」や「軍人」と呼ばれ、社会の中でも特別な(人殺しを許された)立場にある人間によって構成されてきた戦闘集団のことであり、歴史的にはほぼ青年男子によって占められてきた。

ところがこの階級の人々が自ら所属する社会に対して暴力をふるうのは困るので、様々な社会ではそれを抑制するために「行動規範」を決めたり、それを守った人間をたたえるような仕組みが歴史的につくられてきた。

西洋ではこれが「騎士道」、日本では侍《さむらい》が信奉する「武士道」などがそれに当たる、と考えるとわかりやすい。そしてこのような規範は、たとえば何が正しいのかという正邪《せいじゃ》に関する原則や、守るべき名誉という要素と常に結びついており、これらを守った者が「戦士」として尊敬されることになる。

戦士に用意されるべき独特の価値観

第二に、その行動規範は、自己犠牲や勇気を要求するものだ。とりわけ最前線の戦場で社会の代表として戦う戦士には、肉体的な犠牲、とりわけ究極の犠牲である「死」という、自己犠牲を厭《いと》わないという態度や所作が求められる。

ところが数々の研究からも判明している通り、人間というのは、自分の命を投げ出すことや、他の人間を殺すことには本質的に抵抗があるものだ(デーヴ・グロスマン『戦争における「人殺し」の心理学』ちくま学芸文庫を参照)。

その心理的な抵抗感を克服するために、あらゆる国やコミュニティが抱える軍事組織が「戦士」たちに対して様々な仕掛け(訓練や報奨など)を用意してきたのであり、そのために、彼らに対して独特な価値観が用意されることになった。

そして第三の構成要素は、その「戦士」を受け入れる「社会」側の態度だ。「戦士」は古代から社会的につくられてきたものであり、あらゆるコミュニティは、自分たちを守るために積極的に戦って命を投げ出し、敵を殺害(!)する「戦士」に頼らなければならない。

その目的のために社会は「勇気」や「誇り」を尊ぶことを教え込むわけだが、そのような概念は彼らの所属する社会の「文化」や「価値観」と密接な関係を持っている。

たとえばアメリカやイギリスのように日常的に戦争をしている国では、リベラルな先進国であっても、軍人という「戦士」に対しては、一般国民からもリスペクトするような文化や社会的雰囲気が存在する。さらには実際に彼らが犠牲となった場合は、国家的にも顕彰《けんしょう》するような制度が整っている。

ところが日本を考えると、いざ台湾有事のような「戦時」となったときに「戦死者」を日本政府としてどのように扱えばいいのか、まだ議論が十分になされているとはいえない。

また、ヘリ墜落事故のように、不幸にも自衛隊員が殉職《じゅんしょく》者となった場合、現在は市ヶ谷の防衛省の敷地内にある「殉職者慰霊碑」に名前が刻まれて顕彰されたり式典が行われたりしている。だが基本的に一般の国民はそのような祭典に参加できない。自衛隊が「国民の軍隊」ではない事情がここにもあらわれているのであり、彼らは本来の意味でも「戦士」とはなれないのだ。

ウクライナ戦争が発生し、さまざまな情報がリアルタイムで日本でも報じられてはいる。だが日本では文化的、もしくは大手マスコミの情報のフィルターがかかっているため、どうしても「誇りをもって戦う兵士」の姿が紹介されることは少ない。一般市民へのインタビューも「早く戦争が終わってほしい」というものばかりをピックアップしている。

一方でウクライナ国民の9割が「ロシアとの戦争での勝利を願っている」と答えている実態や、自国のために己を犠牲にして戦っている「戦士」の姿は伝わってこない。

このような状況の中で、いずれ日本に問われることになるのは、台湾有事の際に日本側に戦死者が出た際の、日本の社会全体の価値観が試される「戦士」との向き合い方なのだ。

ウクライナがどのように、国民に軍事訓練を課し、実際の侵攻を受けた後にどのように徴兵を行ったか。あるいは戦死した兵士をどのように顕彰しているか。日本が学ぶべきことは多いはずだが、こうした事実を紹介するだけでも、日本社会には大きなジレンマを生じさせる実態があるというほかないだろう。

第十三章　予測される国論の分裂

国論が分裂する事態が待っている

日本が直面する国家的ジレンマはこれだけではない。

「米中冷戦が激しくなる中で、日本は近い将来に、国の進むべき方向について国論が分裂するような事態に見舞われる」……私はそのように考えている。なぜなら、日本は国家レベルで強烈な「ジレンマ」に直面するはずだからだ。

ところが、その「ジレンマ」が具体的にどのようなものになるのか、実は外交のプロと呼ばれる人々や専門家たちの中でも、そこまで明確に言及している人はいない。

ただしこの事実は、国際政治や外交、それに安全保障全般に関心のある人々であれば、薄々感づいていることではある。

具体的に見ていこう。『週刊ダイヤモンド』(2021年6月16日 https://diamond.jp/articles/-/274084)に「G7声明は中国との『衝突の序曲』なのか、日本の国益にかなう道」と題する、実に興味深い記事が掲載された。筆者は田中均《ひとし》氏である。

田中均氏といえば、現在は日本総合研究所の国際戦略研究所の理事長であり、元外務審議官という、いわば「外交のプロ」という立場の人物である。一般的には、小泉政権の日朝交渉の際に外務省の人間として、拉致問題について北朝鮮側との交渉を担当したことで有名だ。外務省をリタイアした現在も、日本外交について定期的に論評を行っている。

この外交のプロの立場の人が書いた記事の内容は、次のようなものだった。

――先月行われたG7サミットだが、実は中国が強く意識されており、世界的にも「専制主義」vs.「民主主義」という構図が浮き彫りになった。中国は外圧に屈しないが、経済的に行き詰まれば穏健化する可能性もある。

アメリカの対中強硬路線に盲目的に追随《ついずい》するのは、日本の国益にはならない。日本は安倍政権から始まった対中色の濃い「自由で開かれたインド・太平洋」ではなく、アメリカをアジアに関与させるという意味の昔の「アジア・太平洋」の方針に戻るべきだ。――田中氏の言いたいことを私なりに要約すると、「日本は米中の間をとりもって衝突しないようにせよ」ということになる。

私は個人的には、田中氏とは意見を異にする立場である。ただし本稿で議論したいのは、その意見の違いではない。むしろ議論したいのは、彼が論じた話、もしくは論じなかった話の中に、日本政府が今後直面するであろう大きな「ジレンマ」のヒントが隠されている、ということだ。

「中国が穏健化する条件」とは?

その「ジレンマ」は、私は以下の3つに集約されると考えている。

第一のジレンマが、**中国を穏健化させる方法**である。

これは田中氏の論考の中でも重要なものだが、彼は「中国が姿勢を改めるとしたら、諸外国の圧力に屈するからではない……共産党の統治が立ち行かなくなる可能性があると考えるからなのだろう」として「外圧には屈せず、むしろ内的な要因の方が姿勢改善に決定的だ」

という見方を示す。

ところが同時に、彼は「民主主義諸国の結束した圧力」などによって「経済成長阻害要因が重なったとき、中国は対外姿勢を再び穏健化せざるをえないと考えるかもしれない」と矛盾したことを述べるのだ。

要するに、中国が姿勢を変えるかどうかは、外圧ではないが、でも外圧かもしれない、ということなのだ。実に矛盾している。

ところがこのような矛盾は、彼だけの話ではない。実は学者や実務家、そして専門家たちも、中国に対して何をすれば穏健化したり、国際的なルールに従順になったりするのかについて、コンセンサスを持っていないのだ。

アメリカはクリントン政権時の２００１年に、中国の世界貿易機関（ＷＴＯ）加盟を支援した。その当時は「中国を世界貿易体制に組み込むことができれば、民主化して穏健化し、世界の国々にとって脅威とはならないはずだ」という思惑があったためだ。

ところがそれ以降、中国の姿勢が世界の貿易体制に組み込まれても穏健化することはなく、仕方なく「力には力で対抗するしかない」という現状に追い込まれている。

さすがにアメリカは南シナ海の人工島埋め立てやハイテク関連の窃盗《せっとう》などを問題視し

て、トランプ政権の頃から中国と経済の面から本格的に対抗するようになったが、それでも中国は穏健化などせず、さらに加速させて「戦狼外交」で世界中の国々に喧嘩を売っている始末である。

2000年代初頭の「中国穏健化」の見通しは頓挫《とんざ》し、中国はより強大になった。そしてその頓挫の後、「どのような条件がそろえば、中国は穏健化するのか。そのために国際社会が取るべきスタンスはどのようなものか」についての共通理解は、いまもって存在しないのである。

第二のジレンマは、経済と安全保障のバランスの話である。

これは第一のジレンマの議論にも直結している。しかも、とりわけ日本の場合に顕著だ。「米中の対立が激化したとき、最も被害を受けるのは日本である。中国は日本にとって最大のマーケットだが、日本の安全保障はアメリカに依存しているのだから」という議論がある。

たしかにその通りだ。さらに、もし米中対立が深刻化する事態になれば、民主的な価値を共有して同盟関係にある日本はアメリカにつくしかなくなる。だが、そうなると中国との経済関係が大きな打撃を受けることになる、ともいう。これも正しい。

ところが常にここで「外交のプロ」たちの論理が飛躍する。なぜならそこから、「そうならないためにも、日本が中心になって国際的な協調体制を構築し、米中に自制を求めたり、その仲介役を買ってでるべきだ」というからだ。

これは一見すると、非の打ち所のない議論のように思える。ところが果たしてそのようなことが可能なのだろうか？

田中論文でも、「米国と外交や安全保障などで共同歩調を取る必要はもちろんあるが、同時に中国を巻き込みルールに基づく経済圏を構築していくのが日本にとって必須となる」としている。だが、この種の議論からは、具体的な方策について踏み込んだ話はいつも出てこない。

もちろん私も、日本は米中に自制を求める「べき」ではあると考える。だが果たしてそのようなことは、実際に可能なのだろうか？　日本にこの両国を自制させるだけの手腕や方策は、そもそもあるのだろうか？　という疑問は確実に残る。

「中国をルールに従わせよ」は不十分

第三のジレンマは、「中国の軍事的な脅威にどう対抗していくべきか」という点だ。

田中論文では、(対中包囲網の意味合いの強い)「インド太平洋」だけではなく、「アジア太平洋」の概念を進め、対中圧力一辺倒ではなく中国を協力に引き込みルールを守らせていくことが日本の国益にかなうことを今一度、認識するべきだろうとする。もちろん分野が違うので仕方がないにせよ、田中氏のような「外交のプロ」の人々に決定的に欠けているのが、このような安全保障や戦略面からの視点だ。

その一例が国防費である。中国のそれは、先にも述べたことだが表に出ている数字だけでも1990年度から2020年度までの30年間に、なんと44倍という驚異的なペースで拡大し続けている。

ところが日本は長年にわたって、国防費は1%の上限を超えていない。ようやく2023年に防衛費の大幅増額が決定したが、これは実に冷戦後初のことといえる。

だが、この程度では中国の軍拡の勢いをそぐものでは到底なく、たとえば海上自衛隊の艦船の保有数では130隻前後、中国に至っては350隻以上と3倍もの差がついているだけでなく、中国はすでにアメリカ海軍の290隻と言われる数を上回り、世界最大の艦隊数を誇っている。

尖閣の守りについては、日本はアメリカから「日米安保の第五条のコミットメントを守る」とたびたび確認してはいるが、それでも日常的な中国の海警の艦船の侵入に対する抑止効果は限定的だ。

このような深刻な軍事バランスの変化の問題に対して、外交のプロたちは何も答えをくれず、ひたすら「ルールに従わせよう」というだけだ。われわれを不安にさせる「ジレンマ」に対して、雑誌やテレビのようなメディアに出てくるプロや実務家、さらには専門家や学者たちも、実は明確に答えをもっていないし、ましてやコンセンサスなどがあろうはずがない。

つまり彼らは「宿題」をやっていないのだ。

だからこそ私が提案したいのは、このような「誰も議論していなかったようなことを議論しなければならなくなる状況」に備えて、いまからでも政治レベルで議論しておくべきである、ということだ。

でないと、日本はパニックに陥りかねない。では、そうならないためにどうすべきか。

スパイクマンが教える「備え」

ニコラス・スパイクマンという戦前のオランダ出身のイエール大学の学者がいる。この人物は戦時中の1943年に若くして亡くなったが、その前年に出した主著『世界政治と米国の戦略』（芙蓉書房出版）の中で、

今回の戦争が終われば、アジアでは中国がいずれ統一して台頭し、アメリカを西太平洋に追い出すかもしれない。

と現在を見通すようなことを述べている。

スパイクマンがなぜ、そういう可能性を指摘できたかといえば、普段から学生たちと外交の机上演習、

ニコラス・スパイクマン
（イェール大学教授）

つまりシミュレーションを行っていたからだ。

ここにヒントがある。日本の政治家や専門家たちは、上記のようなジレンマに直面する時のために備えて、普段からシミュレーションをしておくべきだ。防災訓練と同じく、普段からやりなれていないことは、たとえ老練な政治家であっても対処できないからである。本書第四章で取り上げたように、ウォーゲームやシミュレーションが活発になったことは喜ばしい。後はそれを政治・軍事の専門家だけでなく、田中氏のような外交の専門家までもが参加・参照することが望まれるだろう。

自衛隊改憲を主張したワシントン・ポスト紙

田中氏は2002年の日朝交渉を取り仕切った人物として知られているが、当時、官房長官だった安倍元総理との間には因縁があったようだ。折に触れ、田中氏は安倍政治を「右傾化」「軍国主義的」などと批判してきた。だが、国際世論における安倍政権の評価は、田中氏のそれとは異なっている。

2022年7月8日、安倍元首相が奈良で選挙応援中に凶弾に倒れた際、国際社会では日本のリーダーを追悼する記事がいくつも掲載された。その中で日本にとってひときわ目を引くものだったのは、「安倍元首相の意思を継いで、日本は改憲をして世界に貢献せよ」と主張した、アメリカの大手新聞であるワシントン・ポスト紙の7月11日付の社説である「The US should support to Japan's move to legitimize its military(アメリカは日本の軍の正統化の動きを支持すべき)」(https://www.washingtonpost.com/opinions/2022/07/11/us-should-support-japans-move-legitimize-its-military/)。

具体的には以下のように書かれている。

——アメリカや他の民主主義諸国は、民主的な日本の軍事力の正統性を支持すべきである。

確かに、日本の多くの人々は、軍国主義が残したひどい遺産を念頭に置きながら、この考えに反発している。韓国や中国には日本統治時代の苦い思い出がある。また、安倍首相が長く代表を務めてきた日本の保守的なナショナリストの間では、改正への支持が最も強いのは間違いないだろう。

とはいえ、この憲法改正案は、日本が陸・海・空軍を保有しているという、すでに現実となっていることを合法化するだけのものである。戦争放棄を廃止するわけではないが、集団安全保障への日本の協力を容易にし、場合によっては台湾の防衛も含まれることになる。21世紀の日本は国際社会の信頼に足る一員であり、ロシアのウクライナへの侵攻以前と比べて、世界の安全保障への日本の貢献が必要になっている。

安倍首相はあまりにも早く逝《い》ってしまった。日本や世界に与えたインパクトを忘れてはならない――。

この意見を読んだのが日本の右派であれば、「とうとうアメリカ（しかもリベラル派のメディア）が日本を後押ししている！」と勇気づけられるだろうし、左派であれば「日本の平和憲法をないがしろにする外圧だ！」と憤ることになるかもしれない。

しかし私はこのような意見が出てくるコンテクストというか、その背景を考えたときに、実に大きな不安を感じて冷や汗をかいた、というのが正直なところだった。

民主主義国家が軒並み不安定に

というのも、このようなワシントン・ポスト紙からの熱いラブコールのような意見が出てくる国際情勢の背景を大きく俯瞰《ふかん》して考えてみると、実に複雑な状況があることがわかる。

たとえば他の民主国家たちの最近の動きを見てみると、フランスのマクロン大統領は、2022年4月に再選を果たして2期目に入ったのも束《つか》の間、6月19日に開催された下院の総選挙の決選投票で、与党の中道連合は過半数を大幅に下回る議席しか獲得できなかった。その後、フランスは大規模デモに見舞われて社会が混乱の様相を呈している。

イギリスは、EU離脱を牽引《けんいん》してきたお騒がせキャラのボリス・ジョンソン首相が、2022年7月7日に辞任の意を表明した。コロナ禍で全国がロックダウン中に官邸でどんちゃん騒ぎをしていたいわゆる「パーティー・ゲート」で嘘をついていたことなどが次々とバレて、求心力を失ったためだ。その後、リズ・トラス首相が就任するも短期で辞任し、現在はリシ・スナク首相が就任と目まぐるしく情勢が変わっている。

イタリアのドラギ首相は、与党の連立相手の「五つ星運動」が経済政策に反対を唱えたために2022年7月14日に辞任。その後、「極右」とも評されるジョルジャ・メローニ首相が就任した。

日本のお隣・韓国も保守派の尹錫悦《ユンソンニョル》大統領の支持率が低下している。2023年に入って日米韓の連携は高まっているが、国内の支持は盤石《ばんじゃく》とはとても言えない。

そしてアメリカであるが、第二章でも触れた通り、野党共和党の支持者の7割、つまり有権者の約3割が2020年の大統領選が不正選挙であったと信じており、世論の分断状況がますます深刻化している。

その中で、高齢のバイデン大統領の支持率は低迷しつつあり、中間選挙でねじれ議会となったうえ、2024年の大統領選には再びトランプが出馬して支持を固めている。

もちろん各国が抱える事情はそれぞれ違うが、上述した民主国家について全般的に言えるのは、政府への不満や主要政党への支持の低迷、そして代替的な少数派政党への欲求などの高まりである。端的にいえば、世界の民主主義国は不安定になりつつあるのだ。

責任を果たす準備ができているか

ところが肝心の日本政府や国民は、ここまで世界が危なくなっているという自覚はないまま、東アジアの安全保障環境の荒波に直面しているような状況だ。

やや大げさにいえば、凶弾に倒れた安倍元首相の提唱した「自由で開かれたインド太平洋」というビジョンを出した国として、日本は「世界の安全保障」だけでなく、民主主義国家の持つ価値観を守るという重い責任の一端を背負うよう、いよいよ期待されているということだ。
これについて、戦前から戦中に活躍した地理学者であり、戦後の「封じ込め」や国際関係の理論にも大きな影響を与えたニコラス・スパイクマンというオランダ出身のアメリカの学者が、没後に発表した拙訳『平和の地政学』(芙蓉書房出版)で、以下のような印象的な言葉を残している。

実際のところ、軍事力に基盤をもたない政治的理想とビジョンというものが生き残る価値はほとんどないように見える。

確実に言えるのは、西洋の民主制度は、自分たちの力、もしくは同盟国などの助けによって、パワーが効率よく使われてきたおかげで今まで維持・存続されてきたということだ。
つまり軍事力という基盤があったおかげで、これまで西洋の民主主義とその価値は存続できてきたということだ。そして、日本はいつの間にかアメリカのリベラル派のメディアから「早く憲法を改正して軍事力によってその価値を守れ」と言われるまでになった。

肝心の日本にその備えができているのか、そしてその責務の重さに日本人自身が気づいているのかどうか。冷や汗をかかずにはいられない。

地政学の視点

一方で、安倍元総理のいわば置き土産である「自由で開かれたインド太平洋構想」や、それに基づく枠組み「クアッド（ＱＵＡＤ：日米豪印戦略対話）」の意義は果てしなく大きい。こうした構想は、近年よく聞かれるようになった「地政学」的観点に基づくものと言えるだろう。

２０００年代に日本でも盛んに使われ始めたこの「地政学」という言葉は、使う人によって「国家の領土争いの観点」であったり、「金融市場に与える安全保障面でのリスク」など、意味するところは劇的に異なる。この「地政学」という言葉に柔軟性があり、使う識者のそれぞれの好みにあわせて使えるからだろう。

確かに地政学という概念や考え方は、お世辞にも理論的にまとまっているとはいえないものだが、それなりの歴史や伝統があり、一つの戦略的な視点として実際の政策論の分野で使われてもいる。

たとえば「地政学的な本」の筆頭に挙げられる『不穏なフロンティアの大戦略』（中央公論新社）という一冊については先にも取りあげた。著者はヤクブ・グリギエルとウェス・ミッチェルという、執筆当時アメリカのシンクタンクで活躍していた2人の学者であり、出版した後に共和党のトランプ政権で政府のアドバイザーとして国務省などで官僚を務めた。

アメリカの国家戦略として議論も論理も明快であり、いわば本物の「地政学的な議論」を学べる、実に貴重で有益なものである。

訳書としては2019年の夏、トランプ政権の時代に出版された。原著は2016年のオバマ政権の時代に出ているが、内容は古びていないどころか、むしろ現在のバイデン政権においても実に有用な、地政学をベースにした国家戦略論となっている。

彼らの論点は大きくわけて4つある。

第一に「ロシア、中国、イランは、アメリカのライバルである」。

「敵」という言葉は刺激的なので直接使われてはいないが、実際の彼らの論じ方はこの3カ国を「敵国認定」しているに等しい。

原著執筆当時のオバマ政権は、世界政治が「厳しい権力争いモード」にあるとは考えておらず、対テロ戦で中東に注力しすぎており、敵国のこの3カ国とはなんとか折り合いをつけて共存できるものと考えていた。

本書はこのような楽観的な見通しを否定し、より厳しい国同士が争う想定の「現実主義」への回帰を提唱している。実際に彼らが政権入りしたトランプ政権が2017年12月に発表した「国家安全保障戦略」で、この本の主張と同様に上記3カ国をライバルと認定。

翌18年1月に発表された「国家防衛戦略」では、当時の国防総省のマティス長官が「大国間の競争」という言葉まで使って国際情勢を説明するようになっている。

敵と最前線で対峙する「フロンティア」

第二に、「この敵に直面しているのが、フロンティアにいるアメリカの同盟国たちである」。

まさに「アメリカの視点から構築された地政学的な考え方」が最もよく出た論点だ。

本書のタイトルにもある「フロンティア」とは、地政学で言うところの陸と海の勢力がぶつかりあう「リムランド」と呼ばれる地域に位置している。原著にこうした図は使われていないが、著者らの議論をわかりやすく説明すると、107ページの地図のようになる。

この地図に南北アメリカ大陸は入っていないが、アメリカ側からの視点では、ユーラシア大陸が彼らにとっての主戦場であり、自分たちはその外の島(南北アメリカ大陸)から海の勢力として、陸に位置する3つの敵国の様子をうかがっているというイメージだ。

この「ユーラシアの沿岸」である「リムランド」は、アメリカから見ると「陸にいる3つの敵との最前線に位置している」という意味での「フロンティア」ということになる。

やや傲慢《ごうまん》に聞こえるが、この本はあくまでも「アメリカ中心の視点」であることを理解できれば、彼らが「フロンティア」と言いたくなる気持ちもわかる。

「戦争未満」の「戦争手段」=プロービング

第三に、「同盟国たちは〝プロービング〟されている」。

「プロービング」(Probing)という言葉はやや特殊だが、訳は「探り」となり、その意味するところは、アメリカの築いた国際秩序に挑戦しようとしているロシア・中国・イランが、アメリカに対して直接軍事的に対抗することは避けながらも、自国の近隣(リムランド)に存

中国によるプロービング＝軍事施設建設が進む南沙諸島・ジョンソン南礁（2015年頃）
提供・Universal Images Group/アフロ

在する同盟国に対しては、アメリカを刺激しないレベルでその秩序を覆そうとする行為、を指す。アメリカの敵国たちは、直接対決することなく、じわじわとアメリカの力を削ごうとしているというイメージだ。

その狙いは、日本や韓国のような同盟国が持っている同盟関係への信頼を貶《おとし》めて、最終的にはその関係を分断するように持っていく（孫子の兵法にある「交《こう》を伐《う》つ」）というものだ。これを著者たちは「プローブ」という、「試験的な探り」や「探査」という意味合いの強いニュアンスの言葉で説明している。

近年、日本の防衛関係者の間でもよく使われるようになった「ハイブリッド戦」や「グレーゾーン事態」、さらには「サラミ・スライス戦略」のような、アメリカとその同盟国たちの敵対勢力が準軍事的な強制ツールとして使う「戦争未満の戦争手段」の捉え方についての議論がある。本書で提唱されている「探り」(プロービング)はそれよりも上位の概念、そのような戦術全体を大きな政策的文脈でとらえた「敵側」が行ってくる行為を指す。

第四に、「同盟国と連携しよう」。

これは同盟国に対して厳しくあたっていたのが、当時のオバマ政権よりもトランプ政権であったことを考えると皮肉だが、それでもアメリカが戦後を通じて採用してきた大戦略としては、実にまっとうな意見であると言える。中国やロシア、そしてイランのリムランドへの進出に対抗するためには、アメリカがリーダーシップを発揮しながらも、最前線に位置する同盟国たちの助けが必然的に必要となるからだ。

以上、4つの論点からうかがえる彼らの議論は、「地政学的」な考え方の典型である。

そしてこのような世界政治の状況を大きく戦略的に見る視点を得ると、今度は必然的に日本にいるわれわれの視点がどれほど地域中心的なものであるかがわかる。

なぜならアメリカは南北アメリカ大陸という島国からユーラシア大陸を囲んで戦略を展開する、いわば「グローバル企業」であるのに対して、わが国は安全保障面では基本的に「地域密着型企業」だからだ。

そのため、必然的に国家戦略の立て方もわれわれとは違ってくる。

日本にとっての脅威は中国やロシア、北朝鮮を正面とした、主に日本海側から東シナ海に至る海域になる。だがアメリカは、日本のある東アジアだけではなく、イラク・アフガニスタンのある中東、そしてロシアが脅威を及ぼしている西ヨーロッパにも注視しなければならない。一つの地域で何か起こると、他の地域から注意やリソースを割かなければならなくなる。

ロシアによるウクライナ侵攻があり、中国による台湾併合が懸念される中で2023年10月に起きたイスラエルとパレスチナの大規模衝突は、まさにこのことを示している。

こうした事情は中国にとっても同じだ。国土が広い国は必然的に守備範囲が広くなり、一か所にかけるリソースも薄くなる。たとえば彼らも沿岸部は長く、尖閣諸島のある東シナ海だけに注力するわけにはいかない。南シナ海やインド洋にも権益を持っているからだ。

ローカルの勢力同士が手を繋ぐことにより、中国のリソースを分散させる——日本がクアッド(日米豪印戦略対話)のような枠組みで中国に対抗しようとしているのは、まさにこのような「実に地政学的な考え」がベースにあることがおわかりいただけるだろう。

終章

戦略的思考で日本を変える

「日本は防衛費を3倍に」米戦略家が主張する理由

いくらメディアが目をそらそうとも、日本を取り巻く安全保障環境が劇的に変化していること、しかも悪化していることは認めるほかない事実であろう。そして、安倍元総理に対する期待に冷や汗をかいたように、日本は国際社会における安全保障環境の改善や安定に、相応の役割を果たすことも求められている。

「日本は防衛費を増額すべきだ、しかも2％ではなく、3倍の3％も目指すべきだ」

実に刺激的な提案をしているのは、エルブリッジ・コルビー氏である。コルビー氏はトランプ政権で国防次官補代理を務めていた時に2018年の「国防戦略」(NDS)をまとめた人物。

さらに、それまでのアメリカの大戦略でテロ組織を最大の脅威としていたものを、「大国間競争」の時代に入ったとして方針転換させた張本人だ。

彼は元官僚として、現在は「マラソン・イニシアチブ」という小さなシンクタンクを立ち上げてワシントン界隈でアクティブに活動している(https://www.themarathoninitiative.org/)。

エルブリッジ・コルビー
(マラソン・イニシアチブ代表)

2021年9月には自身の戦略論をまとめた『拒否の戦略』(The Strategy of Denial)を出版し、日米の国防関係者の間でも話題になっている(邦訳は2023年12月に日経新聞社から出版)。

このコルビー氏と直接、意見交換をする機会に恵まれた。公式なインタビューではないので、彼と私の詳しい会話の内容はここで紹介するつもりはないが、彼の主張のエッセンスを著作の内容を交えてご紹介したい。

世界秩序の安定に必要なこと

「平和」といえば日本では一般的に「武力衝突のない安定して穏やかな理想的な状態」であると解釈されがちだ。しかし国際政治を研究する学問(国際関係論)の伝統的な学派のうちの一派で「**リアリズム**」(現実主義)という学派の学者たちは、「平和」とは国家間で力のバランスがとれている「次の戦争までの小康状態」のことだと解釈することが多い。

この考え方は「**勢力均衡**」(バランス・オブ・パワー)という概念として説明されることが多いのだが、この概念については学者たちの間でも考えが二派にわかれており、上述したような「平和は、国家間の力が均衡している時に実現する」というものの他に、「平和は、一国が圧倒的な力を持った不均衡な状態の時に実現する」という、いわば「**勢力不均衡**」の場合の方が実現しやすいと説くものもある。

コルビー氏は後者の立場をとっており、自身をリアリズムの古き良き伝統を継承した考えに立ちながら、「アメリカは圧倒的な力を維持して世界秩序の安定に寄与しなければならない」とする(やや専門的な話になるが、コルビー氏のこの勢力不均衡の考え方はプリンストン大学の教授をつとめた故ロバート・ギルピンが提唱した「覇権安定論」を主に参考にしているようだ）。

アメリカの力の限界と大戦略の誤り

ところがコルビー氏は「アメリカにはその圧倒的な立場を維持するだけの力がもう残されていない」との厳しい認識を持っている。

コルビー氏の厳しい現状認識の前提には、イギリス出身のポール・ケネディ氏が世界的ベストセラー『大国の興亡』（草思社）などで展開した、いわゆる「帝国の過剰拡大」（Imperial Overstrech）という概念がある。

つまり現在のアメリカは、権益と支配が過剰拡大するという覇権国が陥りやすい罠にはまっているという認識だ。

たしかに現在のアメリカは、世界各地に300を超える基地や拠点を持っており、それらは「三大戦略地域」と言われる西欧、中東、東アジアのそれぞれの地区を睨んだ形で置かれている。

だが、ようやく撤退できたアフガニスタンやイラクだけでなく、リビアやイエメンなど、現在でも中東やアフリカなどで手広く軍事介入を行っている。

そうなると、いくら世界最大の軍隊を備える国家であっても、大戦略において優先順位の立て方を間違えてしまうとリソースをうまく活用できないことになる。それぞれの方面で手薄になってしまうからだ。

それぞれの方面で手薄になる、ということは、つまり「**気が散る**」(distracted)という状況に陥りやすいのだが、コルビー氏はここ20年間のアメリカは実際にこのような状態にあったのだと断言する。

たとえば２００１年9月の連続多発テロ事件をきっかけとして始まったアフガニスタンやイラクへの侵攻だが、コルビー氏にとって、これは大戦略の選択の大間違いとなる。

なぜならアルカイダのようなテロ組織というのは、アメリカにとっては覇権や国家の存続そのものを脅かすような存在ではなく、国家の威信をかけて戦略を考えるような相手ではないからだ。

アメリカにとっての脅威はあくまでも覇権を脅かす「大国」であり、中東で行っていた「テロとの戦い」(the Global War on Terror:GWOT)や「対テロ作戦」(Counter Insurgency:

COIN)などは、まさに「気を散らす」存在以外の何者でもないことになる。

ちなみに私がイギリスに留学していた当時に戦略論の界隈でＣＯＩＮに関する議論が盛んであった、とコルビー氏に告げると「ＣＯＩＮ！　本当にくだらない！」と嘆いていたのは実に印象的であった。

ではアメリカは大戦略の焦点をどこに置けば良いのか。

コルビー氏はそれをアメリカにとってライバルとなる「大国」、とりわけ中国であると主張して譲らない。

なぜ中国なのかといえば、アメリカの覇権と、それが形成してきた現在の世界秩序を作り変えるポテンシャルを、経済面でも軍事面でも最も高く持っているからだという。これは同国を「戦略的競争相手」と位置づけた歴史的なアメリカの国防戦略の文書をまとめた人物としては当然の結論かもしれない。

もちろん東アジアに生きるわれわれにとって、世界最強の軍隊を持つアメリカの国防関係者が「中国の脅威に集中せよ」と言ってくれることは頼もしい限りではあるが、だからといって手放しで喜ぶことはできない。

というのも、前述したようにコルビー氏はアメリカの力には限界があるという現実を自覚しており、だからこそ冒頭で紹介したように、日本にも相応の防衛費増額の負担を求めるからだ。

つまり現在の世界秩序を維持したければ、余裕のないアメリカに一方的に頼るだけではなく、日本もそれ相応の負担をすべきだ、という以前から繰り返されている議題なのだが、コルビー氏によれば、日本にはついにその「年貢の納め時」が来たということだ。

そうなると一方の「大国」であるロシアはどうなるのか。

コルビー氏はロシアがウクライナに侵攻していることは問題であると認めつつも、基本的にそれは現地の当事者である欧州諸国が主導すべき問題であり、アメリカは武器や資金の提供はしつつも、決して兵力を派遣するような形で直接介入すべきではないとしている。

これは中国の問題から「気をそらす(散らす)」ことにつながるからだ。

当然ながらこれはウクライナの惨状に同情すべきだとする人々からは反発を受ける意見であり、本人もそれを自覚しているが、それでもリソースを集中させるべきは東アジアの中国であり、それこそがアメリカの大戦略の進む道なのだという。

冷戦後のアメリカの「過ち」と日本

以上のように、コルビー氏の思考は極めて明晰である。アメリカの大戦略の方向性と、その論拠に関する議論について一点の曇《くも》りもない。

もちろん彼の思考が「タカ派すぎる」というものや、あまりにも「帝国主義的だ」という点から批判されそうなのは、私にとっても気になるところだ。

ただしそのような問題点を超えて私が本質的に同意したのが、なぜアメリカが長きにわたって戦略を間違えていたのか、という理由についての彼の分析であった。コルビー氏はそれを「ソ連との冷戦に勝ってから世界は一極状態となり、アメリカは戦略を真剣に考えなくなったからだ」と主張している。

つまりアメリカは冷戦における戦略に成功してしまったからこそ、その後に油断してしまい、対テロ戦のような寄り道をして、真剣な戦略思考を持つ人間を育てられなくなってしまったのである。

ここで、読者はお気づきになられるはずだ。戦略を最も考えてこなかったのは、そのアメリカの戦略に乗っかったまま、これまで真剣に考える必要のなかった日本そのものではないか、と。

もちろん「インド太平洋」という概念を国際的に広めて日本の安保制度の変革への一歩を踏み出していた故安倍元首相という例外的な存在はあったが、それはあくまでも例外である。

もし日本が防衛費を増額したくないというのであれば、コルビー氏の主張に対抗できるような説得力のある戦略を積極的に打ち出すべきではないか。

では最後に、日本にさらに戦略的思考を浸透させる方法について、以下の三点を挙げながら提案してみたい。いずれも地味で当たり前のことのように聞こえるかもしれないが、それを社会的にやってこなかったツケが日本の安全保障環境の悪化につながっていると考えれば、政府や政治家がリードして進めていくことが必須《ひっす》ではないだろうか。

第一に、メディアが国防や安全保障問題について、さらにやさしく、かつ詳しく解説するような記事や番組づくりを心がけることだ。戦争に効能があるといえば聞こえは悪いが、少なくとも2022年のロシアによるウクライナ侵攻によって、日本の識者や視聴者たちの軍事・安全保障に関するリテラシーを上げることには確実につながっている。地上波ではまだ難しいが、BSなどの報道番組や、それらが動画サイトに投稿されたものの中には、イデオロギーに偏りのない質の高い研究者や専門家が解説している質の高いものも増えている。この方向性は好ましいものと言える。

第二に、大学やシンクタンクで安全保障や軍事に関する学科や教科を増やすことだ。もちろん高校までは従来のカリキュラムで構わないと思うが、歴史に関しては近代史の比率を上げ、平和だけでなく戦争の原因を客観的に議論できるような基礎知識があればよい。大学から教える狙いは「(本書で試みたように)国際ニュースをイデオロギー抜きに客観的に語れるようになる」ことが最初のステップである。

第三が、ウォーゲームのようなシミュレーションをプレーできる場を増やすことだ。国民の中に当事者意識を持ってもらうのが目的である。理想は学校で行うことだが、趣味のボードゲームカフェなどを活用することも良いだろう。できればオンラインゲームよりも、アナログなボードゲームのほうが顔をあわせて議論しながらできるので効果があがる。もし自分が国家の意思決定者であればどうするのか。社会問題の解決法を考えるメソッドとして、学校教育の中に取り入れることも可能であろう。私も教科を持っている大学で歴史的な紛争をテーマとしたボードゲームを取り入れて何度かプレイしているが、学生たちは当時の国家のリーダーの立場を疑似体験することによって歴史をアクティブに学べているように思える。また、プレーがシンプルに楽しいという点も利点だ。このようなアクティビティーを通じて、戦略感覚を学ぶのだ。

先にも触れたが、２０２２年にはペロシ下院議長の訪台とその後の中国による軍事演習で日本のＥＥＺ内に中国のミサイルが着弾するような事態も発生している。いよいよ戦略を必死に考える時期が来たと言えるだろう。

日本はその準備ができているだろうか。

おわりに

「防衛白書」をご存知だろうか？　政府機関の一つである防衛省が毎年発行している文書で、広く日本国民に対して日本をとりまく安全保障・軍事的な環境についてまとめたものだ。普通に生活しているわれわれにとってあまり読む機会はないかもしれないが、そこでは「我が国周辺では、近年において国際的な環境はいよいよ厳しさを増しており」という文章から始まるのが恒例だ。

数年前までは、このような文章は「やや大げさだ」と感じる人もいたかもしれないが、ここ数年はウクライナへのロシアの軍事侵攻や、ハマスのテロ攻撃によるイスラエルの報復から端を発した中東政治の不安定化、北朝鮮の連続するミサイル実験や米中の東・南シナ海での衝突の可能性など、ますますその「国際的な環境の厳しさ」がリアルに感じられる時代になったのを実感する方も多いはずだ。

思えば1990年代からつい最近までの国際環境は、テロとの戦いなどがあったにせよ、基本的には安定していたと言える。日本は「失われた30年」とも言われるデフレ経済で成長はなかったにせよ、インターネットやSNSが発展し、海外との行き来も自由になったおかげで、それなりの豊かさは享受《きょうじゅ》できていた。これはいわば「リベラリズムの世界」、つまり経済がグローバル化し、国際的なビジネスが自由貿易をベースに盛んになり、テクノロジーの発展とともにメディアも国境を越えてつながってきたということだ。

ところが時代は変わった。2010年代から20年代にかけて、アメリカで言えばオバマ政権の後半に入ったころから、中東だけでなく欧州がキナくさくなり、さらには中国の台頭を脅威と感じるようになると、世界はいわばエゴを中心としてぶつかり合う「リアリズムの世界」に突入しつつある。

このような中で、私は「地政学」を専門に研究してきた人間として、この「リアリズムの世界」で日本が生き残っていくことを念頭に、それまでほとんど紹介されてこなかった「リアリズム」や「戦略研究」という、国際政治を戦略的に見る視点の専門書を多数翻訳してきた。ところがこれらはあくまでも専門家向けという側面があり、厳しさを増す日本の安全保障環境を冷静に議論できるような環境づくりのためには、日本国民にも広く一般的に「戦略的思考」への理解が求められていると常々考えていた。

もちろんすでにメディアで活躍する安全保障の専門家の方々の書かれた素晴らしい本を最近見かけるし、それだけで十分だという意見も分かる。しかしそれ以前に「戦略的な思考」というものを一般の人にもっとわかりやすく広めることができないか、という問題意識から書かれたのが本書だ。

そのために参考としたのが、エドワード・ルトワックというアメリカの戦略家が提唱した戦略論における核心的な概念である「パラドキシカル・ロジック」であり、これによって国際政治という複雑な現象を戦略的な側面から初心者向けに解説したものが本書である。

「はじめに」ですでに示したように、このロジックの核心は、戦略の実行段階で、こちら側のアクションが相手側のリアクションを引き起こすことで発生するダイナミズムを理解することだが、もう一つ大事なのは、このような「アクション・リアクション」の関係は、いざ危機や紛争のように事態がエスカレートすると激しく発動してくることだ。

つまり日本周辺では、こうしたダイナミズムが発生する「モード」になる条件がすでに整いつつあり、そのためこの考え方に日本国民一般が慣れておく必要があるのだ。本書はそのための準備に資することを狙って書かれた。

本書のベースになったのは、ネットメディア「SAKISIRU」という媒体に私が月に一回のペースで連載していたものであり、それに加筆・修正してまとめた。なにぶん初学者向けということなので、なるべく専門用語は使わずに平易《へいい》な表現を使いつつ、わかりやすい例を使いながら説明したつもりだ。もし理解できないことがあれば、それはすべて筆者である私の責任である。その逆に、もし国際政治における戦略的な考え方が少しでも理解できたと感じる読者がいたとすれば、本書の目的は達成できたと言える。

茗荷谷の喫茶店で　令和5年12月18日

奥山真司（おくやま・まさし）

地政学・戦略学者。戦略学博士（Ph.D.Strategic Studies）。多摩大学大学院客員教授。拓殖大学大学院非常勤講師など。国際地政学研究所上席研究員。戦略研究学会編集委員。日本クラウゼヴィッツ学会理事。1972年横浜市生まれ、カナダ・ブリティッシュ・コロンビア大学を卒業、英国レディング大学大学院で修士号と博士号を取得。著書に『地政学』（五月書房）など。訳書にクライブ・ハミルトン『目に見えぬ侵略』『見えない手』（飛鳥新社）、ジョン・ミアシャイマー『大国政治の悲劇』（五月書房新社）、コリン・グレイ『現代の戦略』（中央公論新社）、エドワード・ルトワック『ルトワックの日本改造論』（飛鳥新社）、『ラストエンペラー習近平』（文藝春秋）、コリン・グレイ&ジェフリー・スローン編著『地政学：地理と戦略』（五月書房新社）、ローレンス・フリードマン『戦争の未来』（中央公論新社）など多数。

新しい戦争の時代の戦略的思考
国際ニュースを事例に読みとく

2024年2月15日　第1刷発行

著　　者　　奥山真司

発 行 者　　矢島和郎
発 行 所　　株式会社　飛鳥新社
〒101-0003 東京都千代田区一ツ橋2-4-3
光文恒産ビル
電話（営業）03-3263-7770
（編集）03-3263-7773
https://www.asukashinsha.co.jp

装　　幀　　bookwall
構　　成　　梶原麻衣子
地図制作　　ハッシイ
写真協力　　アフロ／奥山真司／ゲッティイメージズ
印刷・製本　　中央精版印刷株式会社

ISBN978-4-86410-975-8

編集担当　工藤博海